세상에서 가장 알기 쉬운 영어 발음 훈련법

누구나 영어발음 잘 할 수 있다!

서 용 득 지음

저자 **서용득**(徐龍得)
SUH, Yong-deuk

현재 경상대학교 영어교육과 교수
경상대학교 사범대학 영어교육과(문학사)
고려대학교 대학원 영어영문학과(문학석사)
고려대학교 대학원 영어영문학과(문학박사)
미국 The University of Wisconsin at Madison 교환교수
영국 The University of Sheffield 교환교수
경상대학교 교육연구원 책임연구원(Education Research Institute, GNU)

『Intensive Laboratory English』(신아사, 1994)
『영어듣기와 말하기 이해의 지름길』(인터비전, 1998)
『영어드라마 활용의 길』(인터비전, 1998)
『영미 드라마 즐기기』(인터비전, 1999)
『영어드라마 활용의 이론과 실제』(인터비전, 2001)
『Easy Grammar 사귀기』(인터비전, 2006)
『Easy Grammar 놀기』(인터비전, 2006)
『별 것 아닌 영어발음』(인터비전, 2006)
『차와 드라마 마주 앉다』(인터비전, 2007)
『영어발음 별 건가요?』(인터비전, 2007)
『영어 영재를 어떻게 선발할 것인가?』(인터비전, 2009)
『영문학을 활용한 영어교육』(인터비전, 2009)
『TOEIC의 정석』(컴퍼스미디어, 2011)
『33가지 알짜영어 맛보기: 문법편』(영출판사, 2011)
『33가지 알짜영어 맛보기: 어휘편』(영출판사, 2012)
『영어교육과 문화 나들이』(경상대학교출판부, 2012)
『TOEIC 어휘, 1,000 이것만 하면 된다!』(영출판사, 2012)
『33가지 알짜영어: 문법편』(영출판사, 2012)
『33가지 알짜영어: 어휘편』(영출판사, 2012)
『Jumping on TOEIC Stage』(JRM, 2013)
『33가지 기초 영문법 노트』(영출판사, 2013)
『33가지 마인드 맵 영문법』(영출판사, 2013)
『알쏭 달쏭 영문법 ①』(영출판사, 2015)
『영문법 에세이: 문장 제대로 파악하기』(영출판사, 2015)
『영문법 에세이: 동사의 친 · 인척과 함께』(영출판사, 2015)

책머리에

이 책은 영어 발음을 어떻게 제대로 듣고 말을 할 것인가에 대한 길잡이 역할을 할 것입니다. 가장 짧은 기간 안에 효과적으로 영어 발음을 할 수 있는 방법을 제시하고 있습니다. 이 책은 영어 발음에 관한 전문적인 면이 있긴 하지만, 설명하는 방식은 지극히 주관적인 면을 갖고 있습니다. 그 이유는 한국인의 입장에서 어떻게 영어 발음을 제대로 할 수 있을 것인가에 대한 고민에서 출발했기 때문입니다.

동시에 한국인으로서 영어 발음을 하면서 최종적으로 도달해야 할 지점을 제시한다고 볼 수 있습니다. 영어말의 특징을 살려 상황에 맞고 글의 취지에 맞게 감정을 실어 듣거나 말을 한다면, 그 자체가 한국인으로서 마지막 걸음이 될 수도 있다는 생각을 갖고 있기 때문입니다.

문제는 설명을 이해하는 것으로 끝나서는 안 됩니다. 소리이기 때문에 몇 번에 걸쳐서—적어도 세 번 이상—직접 소리를 내어보아야 합니다. 그래야 음감이 그대로 자기 것으로 될 수 있는 가능성 즉, 체화의 문이 열리기 때문입니다.

이 책은 전문가를 위한 책이 아니라 일반인으로서 영어를 듣고 말을 할 때 가장 어렵게 느껴지는 부분을 골라 정리한 책입니다. 그러니까 영어가 모국어나 제이언어(second language)를 사용하는 사람의 입장이 아닌 한국인으로서 영어를 사용하고자 하는 사람의 관점에서 영어 발음 문제를 해결하기 위한 길을 찾아 나선 것입니다. 그리고 이 책을 통해 영어 발음 공포증이나 소심증에서 벗어나 알고 있는 영어만이라도 듣고 말할 수 있게 되었으면 하는 바람입니다.

이제 이 책을 갖고 영어 발음을 공부하려는 학습자들은 시간을 좀 더 투자하고 노력을 지속적으로 함으로써 변화된 모습을 볼 수 있을 것입니다. 기대해 봅니다.

영어 발음에서 먼저 생각해야 될 것들
아래에 있는 내용들을 먼저 알고 익힌 후에 영어 발음은 시작해야 한다.

1. 영어와 한국어의 말과 글의 순서의 차이를 미리 익혀라.

평범한 글의 경우 영어는 주어(부) 다음에 술어(부)가 나오는데, 한국어는 보통 주어(부) 다음에 목적어가 먼저 나오고, 그 뒤에 술어(부)가 나오는 경우가 대부분이다. 영어에 있어서 글의 종류—평범한 글, 의문문, 명령문, 기원문 등—에 따라 말과 글의 순서가 다르기 때문에 이 점을 먼저 알고 있어야 한다.

2. 영어와 한국어의 소리 차이를 미리 몸으로 익혀라.

영어와 한국어는 의사소통의 도구가 되는 언어라는 점에서는 같다. 그러나 영어와 한국어는 소리면에서 차이가 난다. 영어는 고저언어(pitch language)이고 한국어는 음절언어(syllable language)이다. 따라서 영어를 듣고 말할 때는 영어 소리의 특징을 그대로 살려 발음해야 한다. 이것이 영어 발음의 첫 발걸음이다.

3. 기본 모음(a, e, i, o, u)의 발음을 익혀두라.

한 개의 영어 낱말에서 발음의 중심을 이루는 것은 모음이다. 한 개 이상의 모음이 있더라도 한 개만 강하게 발음하고 다른 모음은 약하게[약한 모음([ə]) 발음해서 듣기에 좋고 부드럽고 자연스럽게만 발음하면 된다.

4. 한국어에 없는 소리를 미리 알고 익혀두라.

한국의 영어 학습자들이 잘 못 듣고 익숙하지 않은 소리는 기본적으로 한국어에 없는 소리이기 때문이다. 접할 기회가 거의 없거나 접하더라도 허투루 들어서 제대로 소리를 인식하지 못한 경우가 대부분이다. 이런 경우에는 알고 연습하게 되면 영어 소리를 제대로 낼 수 있다. 이런 철자에는 b, f, l, r, v, th(θ ð), ř-단타음화 표기 소리 방법-등이 있다. 이런 철자를 발음하는 경우에는 한글로 표기할 수 없다. 단지 소리로서만 익힐 다른 방법이 없다.

5. 영어의 소리변화(sound changes)를 미리 익혀두라.

소리면에서 보면 한국 영어학습자가 듣거나 말을 할 때 가장 힘든 부분이 소리변화 또는 음변화[음운변화]이다. 이것은 눈으로 보는 영어와 귀로 듣거나 말로 하는 영어가 차이나는 점을 소리면에서 규칙으로 만들어 놓은 것이다. 이 소리변화는 영어를 듣고 말할때 영어 학습자가 반드시 알고 익혀놓아야 하는 필수적인 부분이다.

6. 소리의 높고 낮음으로 감을 잡아라.

영어로 된 말이 진행되어갈 때 일차적으로 소리로서 감을 잡아야 한다. 어떤 말은 밋밋하게 나아가기도 한다. 어떤 말은 올라가기도 한다. 어떤 말은 올라가다가 내려가기도 한다. 또한 같은 말이라 할지라도 상황에 따라 올라가는 경우도 있고, 내려가는 경우도 있다. 이 점은 글의 종류인 평범한 글의 경우, 의문문의 경우(다양한 형태가 나타남), 나열된 글의 경우, 꼬리표 의문문의 경우에 나타난다.

7. 눈으로만 소리를 이해하고 익힐 것이 아니라 귀로 듣고 입으로 말하면서 익혀야 한다.

적어도 세 번 이상은 직접 소리를 내어 연습을 해야만 영어 음감을 익힐 수 있다.

8. 배경지식을 넓히기 위해 평소 다양한 독서를 하라.

기본적으로 영어를 제대로 듣고 영어로 제대로 된 의사표시를 하기 위해 꾸준히 관심 분야에 대한 이해의 폭을 넓혀야 한다. 관심 분야에 대한 지식을 배경지식(background knowledge)이라고 하는데, 이 배경지식은 평소에 차근차근 축적해두어야 한다. 배경지식을 확보하는데는 직접 경험을 통하거나 간접 경험을 통해 이루어질 수 있다. 간접 경험의 대표적인 경우가 독서이다. 간혹 소리는 들리는데 무슨 뜻인지 모르는 경우 또는 어휘가 잘 안들린다고 하는 경우는 대부분 배경지식이 부족한데서 비롯된다.

9. 평온한 상태를 유지하라.

영어 회화를 하거나 영어를 듣는 경우나 영어 듣기 시험을 치거나 하는 경우 등에서 가장 기본적인 태도가 평온한 마음을 갖는 것이다. 이것을 Relax(Calm down)하라고 말하는 것이 이에 해당된다고 볼 수 있다. 마음이 안정되지 않으면 아는 소리도 제대로 들을 수 없고, 아는 내용도 제대로 말로 표현할 수 없기 때문이다.

10. 구동사 표현을 이해하고 구동사를 활용한 영어 표현을 활용하라.

구동사(phrasal verb)는 동사에 전치사가 부사가 합쳐져 여러 가지 뜻으로 쓰이는 동사를 말한다. 사실상 한국의 영어 학습자들이 어휘 학습을 할 때 대부분 힘들어하는 부분이 구동사를 익히는 것이다. 구동사를 익히는 특별한 방법을 찾기가 힘들기 때문에 평소 영어 글에서 자주 나타나는 구동사부터 익힌 후 차츰 덧붙여가는 방법을 택할 수밖에 없다. 영어로 말을 하는 경우 구동사의 쓰임새를 활용하는 적극적인 자세가 필요하다.

11. 미국영어와 영국영어

가끔 같은 영어인데도 영국영어로 소리를 듣게 되면 낯설어하거나 당황해하는 영어 학습자들이 많다. 이런 경우 대부분 미국영어와 영국영어의 차이에서 비롯된다. 우리나라에서는 여러 가지 이유로 영어 학습자들이 미국영어에 노출되어 영어학습을 해 왔기 때문에 영국영어에 노출되게 되면 어색한 상황이 발생하는 경우가 많다. 그렇지만 전세계적으로는 영국영어가 더 많은 분포가 이루어지고 있는 것이 사실이다. 국제적인 의사소통의 도구면에서 보면 영국영어이든 미국영어이든 어느 정도 알아듣고 말을 해야 한다.

미국영어와 영국영어는 대부분 같다. 그렇지만 같지 않은 경우가 있다. 발음면에서 차이가 나는 경우, 철자가 차이가 나는 경우, 어휘 표현이 차이가 나는 경우, 문법면에서 차이가 나는 경우, 표기면에서 차이가 나는 경우가 있다. 이 가운데 소리면에서 차이가 나는 대표적인 경우를 익혀두는 것은 필요하다.

차례

PART 1

제대로 된 영어 발음을 위하여

제대로 된 영어 발음을 이해하고 소리내기 위해서 먼저 알아 두어야 할 사항들이 있다. 영어와 한국어는 어떤 차이점이 있는지에 대한 이해에서 출발해야 된다. 우리는 한국 사람이기 때문에 원어민의 영어 발음을 그냥 따라 해서는 안 된다. 물론 시간이 많고, 많은 시간을 투자할 수 있으면 더디게 가더라도 이런 방법이 효과가 있을 것이다. 그렇지만 시간적으로 부족하고, 영어와 관련된 학습량이 많기 때문에 시간을 많이 내어 영어 발음을 익힐 수도 없다. 영어와 한국어는 그 말을 사용하는 사람들의 의사소통 도구가 된다는 점은 같지만, 발음면에서 차이가 나기 때문에 차이가 나는 점을 먼저 이해하고 연습해야만 영어 발음을 하는 동안 차츰 나아지게 마련이다. 이 차이점에 대한 이해가 영어를 제대로 발음하기 위한 첫걸음이다.

그렇다면 영어와 한국어의 차이는 어디에 있을까?

영어와 한국어는 각각의 언어를 사용하는 사람들의 의사소통을 하는 도구가 된다는 점에서 같다. 그렇지만 한국인이 영어를 배우는 입장에서 보면 영어와 한국어가 소리 측면에서 다르다는 것을 먼저 알고, 이 다름에서부터 영어 소리를 이해하기 위해 출발해야 한다. 그 이유는 대부분의 한국 사람들은 영어 소리를 낼 때, 한국식으로 소리를 내기 때문이다. 영어의 특징을 살려 그대로 소리를 내거나 들어야만 영어듣기와 말하기를 학습할 수 있는 올바른 길에 접어들게 된다.

영어는 높낮이로 나타나는 즉, 고저언어(高低言語; pitch language)이고 한국어는 길고 짧은 것으로 나타나는 즉, 음절언어(音節言語; syllable language)이다. 그렇기 때문에 영어발음을 하기 위해서는 영어소리의 높고 낮은 특성을 처음부터 살려서 소리를 내야 하고 들어야 한다. 그런데 한국어의 발음을 하기 위해서는 낱말의 길이가 짧거나 길게 소리를 내게 된다. 좀 더 이해하기 쉽게 고저언어인 영어와 음절언어인 한국어의 흐름을 그림으로 그려보면 다음과 같다.

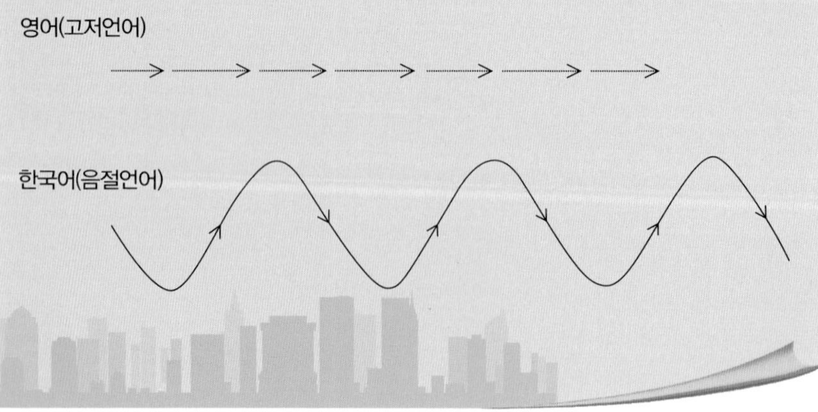

영어는 고저언어(pitch language)이다. 고저언어는 높고 낮은 소리가 일정한 규칙으로 반복된다. 이 때 높게 나는 소리는 한 개의 말 또는 이어진 말의 내용을 이해하는데 있어서 중요한 역할을 하는 경우에 높게 소리를 내게 된다. 이런 것을 내용 낱말(content words) 또는 내용어라고 하는데 명사, 동사, 형용사, 부사, 지시대명사, to 부정사, 동명사, 분사, 부정어 및 의문사 등이 이에 해당된다. 일반적으로 내용 낱말은 높고, 강하게 소리가 나면서 느낌으로 말하면 길게 느껴진다. 그런데 낮게 나는 소리는 한 개의 말 또는 이어진 말에서 어떤 역할 또는 기능을 하지만 내용을 파악하는데 있어서 중요한 역할을 하지 못하는 경우에 낮게 또는 약하게 소리를 내게 된다. 이런 것을 기능 낱말(function words) 또는 기능어라고 하는데 도우미동사, be 동사, 관사, 전치사, 접속사 및 인칭대명사 등이 이에 해당된다. 일반적으로 기능 낱말은 낮고, 약하게 소리가 나면서 느낌으로 말하면 짧게 느껴진다.

따라서 영어 소리를 들을 때 우리는 내용 낱말 중심으로 들어야 한다. 들리는 내용은 제한된 시간 안에 흘러가는 것이기 때문에 모두 다 제대로 들을 수 없다. 그러므로 내용 낱말 중심으로 소리를 들으면서 내용을 파악하는 연습과 노력이 필요하다.

1 박자와 리듬

영어의 소리를 제대로 내려고 하면 박자와 리듬을 몸으로 익혀, 박자와 리듬에 맞게 따라가야 한다. 이어지는 영어 글을 제대로 이해하기 위해 박자와 리듬을 학습자가 제대로 익히지 않으면 어려움이 따르게 마련이다. 그 이유는 리듬은 영어의 소리를 들을 때 최종적으로 확인할 수 있어야 하기 때문이다. 사실 영어 학습자는 확인이 아니라 자연스럽게 영어 소리의 리듬을 탈 수 있어야 한다. 우리가 이어지는 영어 글을 듣거나 말하면서 영어의 리듬을 탈 수 있을 때 비로소 영어를 제대로 듣는다고 말할 수 있을 것이다.

* 다음 영문을 큰소리로 높고 낮게 노래하고 춤을 추듯이 소리를 내어 읽어보세요.

1. A dog is a good pet for children.
2. He lived in France for two years.
3. The man is talking on a cell phone.
4. Why did you quit your last company?
5. The law enforcement officers are on patrol.

◈ (설명)

한 번으로 끝나는 인간의 삶도 어린 시절, 청소년 시절 그리고 노년시절로 이어진다. 이것을 인생의 리듬이라고 부른다. 인생은 처음(탄생), 중간(성장) 그리고 마지막(죽음)이라는 사이클로 이루어져 있듯이, 영어에도 리듬(rhythm)이 있다. 리듬은 아주 자연스러운 현상이고, 이 자연스러운 현상을 익혀야 영어를 제대로 듣고 말할 수 있다. 그러니까 좁은 범위에서 음운변화를 익히지만, 좀 더 넓게 보면 박자와 리듬을 따라 가면서 영어를 듣거나 말을 해야 영어를 제대로 한다고 말할 수 있을 것이다.

영어를 제대로 소리를 내려면 박자와 리듬을 제대로 따라야 한다. 박자(拍子;

beat)는 규칙적인 마디인 소절로 리듬 유형에 해당된다. 그러니까 박자는 리듬을 형성하는 작은 결합 단위라 할 수 있다. 음악에서 리듬의 바탕으로 센 박(拍)과 여린 박(拍)이 규칙적으로 되풀이되는 음악적 시간의 기본단위도 박자이다. 영어소리에서 박자는 약한 소리와 강한 소리 또는 강한 소리와 약한 소리가 규칙적으로 되풀이되는 시간의 기본단위가 박자가 된다.

영어 글에서 기능 낱말(기능어; function words)은 강세를 주지 않고 읽거나 말을 하게 된다. 그런데 내용 낱말(내용어; content words)은 강세를 주어 읽거나 말을 하게 된다. 이렇게 하다 보면 우리는 영어문장을 약강 약강 약강(약약강 약약강 약약강) 또는 강약 강약 강약(강약약 강약약 강약약)이라는 일정한 박자로 읽거나 말을 하게 됨을 느끼게 된다. 또한 약간 변형되어 약강(약약강)과 강약(강약약)이 서로 뒤섞여 있는 경우도 있다. 영어는 강세를 받는 내용 낱말이 일정한 간격을 두고 나타나는 경향이 두드러지기 때문에, 어떤 영어 글을 말할 때 율동적인 리듬이 생기게 된다.

리듬은 일정한 규칙이 되풀이될 때의 그 규칙적인 움직임 또는 현상을 말한다. 그러니까 박자는 좁은 범위의 규칙적인 소리 기본 단위이고, 리듬은 박자를 아우러는 넓은 범위의 규칙적인 소리 현상이 된다. 영어에는 강세가 있는 음절과 강세가 없는 음절이 번갈아 가면서 나타나는 언어의 운율이 있게 마련이다. 영어 글에서 나타나는 언어의 일반적인 운율 형태는 다음과 같다.

약강 약강 약강(˘ ∨/˘ ∨/˘ ∨)
약약강 약약강 약약강 (˘˘ ∨/ ˘˘ ∨/ ˘˘ ∨)
강약 강약 강약(∨ ˘/ ∨ ˘/ ∨ ˘)
강약약 강약약 강약약(∨ ˘˘/ ∨ ˘˘/ ∨ ˘˘)

그러니까 강세의 주기적인 반복에 의해 리듬이 형성된다. 그런데 영어의 모든 글이 위와 같은 형태로 운율이 형성되는 것은 아니다. 약간의 변형은 일어날 수 있고, 또한 일어나는 것이 일반적인 현상이다. 그렇지만 글 안에서 강세와 강세 사이를 거의 같은 시간 안에 발음하게 되면 강세 리듬(stress-timed rhythm)이 일어나게 된다. 영어를 비롯한 프랑스어나 독일어 등과 같은 언어는 비교적 일정한 간격으로 리듬이 나타난다. 휴지(休止; pause)로 구분되는 각 의미 묶음(sense group) 안에서 오직 하나의 주된 액센트 리듬(primary accent rhythm)이 오게 된다. 그런데 한국어, 일본어, 이탈리아어나 스페인어 등과 같은 언어는 높낮이와는 관계없이 모든 음절을 동일한 크기와 길이로 발음하는 음절 리듬(syllable-timed rhythm)을 갖고 있다.

그러면 영어의 한 개 글의 기본을 이루는 예문들을 다음과 같다.

1.

* 다음 영문을 큰소리로 높고 낮게 노래하고 춤을 추듯이 소리를 내어 읽어보세요.

1) Cats	eat	rats.
2) The cats	eat	rats.
3) The cats	will eat	rats.
4) The cats	will eat	the rats.
5) The cats	will have eaten	the rats.

(* will have eaten은 겉으로 표기된대로 발음하지 않고, 약음화 현상에서 설명되는 바와 같이 일반적으로 will've eaten으로 발음된다.)

여러분들이 위의 글을 삼 박자로 생각하면서 한 번 읽어보세요. 위의 문장에서 1)은 '강/ 강/ 강'으로만 된 삼 박자 글이다. 글 2)는 '약강/ 강/ 강'의 삼 박자로 이루어진 문장이다. 글 3)은 '약강/ 약강/ 강'의 삼 박자로 된 문장이다. 글 4)는 '약강/ 약강/ 약강'의 삼 박자로 된 문장이다. 글 5)는 '약강/ 약약강/ 약강'의 삼 박자로 된 문장이다. 약간씩 다르지만 소리를 내는 시간은 거의 같다.

의사소통의 기본 단위인 한 개의 영어 글에는 한 박자나 두 박자도 있지만, 기본적으로 삼 박자로 이루어진다고 생각하면 된다. 일반적으로 생활영어의 한 개의 글은 두 박자가 이루어진 것이 대부분이고, 뉴스나 대담 프로 같은 영어 글은 삼 박자 이상으로 이루어진 경우가 대부분이다. 대개 한 개의 글은 주어부+술어부+보어부(목적부 또는 수식부)의 세 부분으로 나뉘어진다. 따라서 주어부 한 박자, 술어부 한 박자 그리고 보어부(목적부 또는 수식부) 한 박자로 생각하고 소리를 내면 된다. 이것을 그림으로 나타내면 다음과 같다.

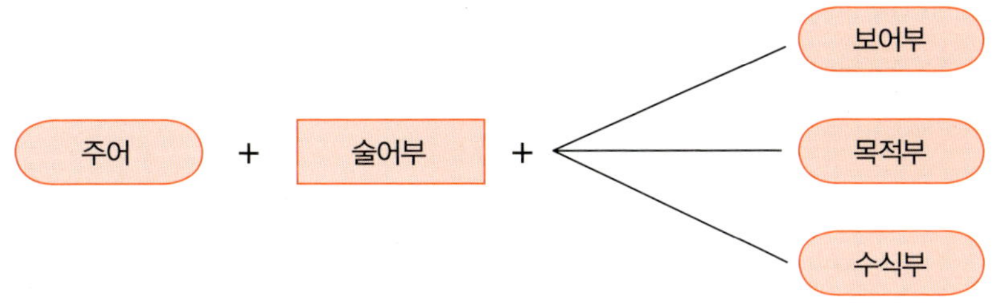

삼 박자의 느낌을 갖기 위해 여러 가지 연습 방법이 있을 것이다. 삼각형(△)을 마음속으로 생각하면서 '하나, 두울, 세엣'이라고 마음속으로 숫자를 헤아리면서 박자를 연습할 수 있을 것이다. 아니면 손뼉을 '하나, 둘, 셋' 치면서 연습할 수 있을 것이다.

1의 다섯 개의 글이 기본 틀을 확장시킨 글이라면 다음 2의 A, B와 C 다섯 개의 글은 삼 박자로 이루어진 글들이다. 큰 소리로 읽으면서 박자와 리듬을 느껴보는 것도 좋을듯 싶다.

2.

* 다음 영문을 큰소리로 높고 낮게 노래하고 춤을 추듯이 소리를 내어 읽어보세요.

A.

1) The man is unloading the truck.
2) The man is pulling his suitcases.
3) The man is designing the church.
4) The man is eating in a restaurant.
5) The man is talking to the room clerks.

B.

1) The woman is buying a bed.
2) The woman is looking at a grave.
3) The woman is sitting on the stairs.
4) The woman is pointing with her right hand.
5) The woman is listening to the man's reading.

C.

1) Math is harder than English.
2) Apples are juicer than carrots.
3) The curry is spicer than the chili.
4) Oranges are sweeter than grapefruit.
5) Potato chips are saltier than crackers.

이제 다음 3의 예문들과 같은 삼 박자의 다양한 글들을 예로 들면 아래와 같다. 이들 글들도 역시 큰 소리로 읽으면서 박자와 리듬을 느껴보는 것도 좋을 것 같다.

3.

1) The man is looking into a book.

2) The dentist is checking her teeth.

3) Be careful you don't hit your head.

4) This is the largest city in the country.

5) Who was the fast swimmer in the pool?

그렇다면 일반적으로 삼 박자로만 글이 이루어질까? 그렇지 않다. 한 번의 호흡으로 이어진 길이가 삼 박자이고, 그 보다 더 긴 글의 경우에는 삼 박자 다음에 잠깐 쉰 후 다음으로 넘어간다. 이렇게 잠깐 쉬는 것을 '휴지(休止; pause) 또는 잠시 멈춤이라고 한다'. 아래 예문에서 비스듬하게 그어진 선인 사선(斜線; /)이 휴지가 이루어지는 곳이다.

1. Uncle Bob is watching a movie / on TV.

2. A man is feeding a bird / in a wired cage.

3. The woman is reading a book / at a park.

4. The manager is showing the guest / her room.

5. The man is drinking his beverage / at the beach.

I. 다음 영문을 큰소리로 높고 낮게 노래하고 춤을 추듯이 소리를 내어 읽어보세요.

1. Chris didn't go to the party.

2. A man is performing in a group.

3. Dad is taking a nap on the couch.

4. Aunt Mary is talking with Paul's mother.

5. Pizza is the most popular food in the country.

II. 다음 대화문을 상황에 맞게 감정을 넣어 소리를 내어 읽어 보세요.

1.

A: Where did you park your car?

B: Just around the corner.

2.

A: Where will we display the new model?

B: Let's put it in front of the store.

3.

A: I'm sorry I didn't call you last week.

B: Were you sick this time, or did you lose my number again?

A: Well, the simple reason is that it slipped my mind.

III. 다음 대화문을 상황에 맞게 감정을 넣어 소리를 내어 읽어 보세요.

1.

A: Can I help you?

B: Yes, I want to check my e-mail.

Are any computers free?

A: No, they're all busy right now.

Can you wait thirty minutes?

B: Sure.

A: Do you want some coffee while you wait?

B: No, thanks.

2.

A: Susan, we need to pay our bills today. The telephone bill is $358 and the gas is $42.

B: Okay, so I'll give you $200. We're sharing everything half and half, right?

A: Yes, but it's not fair. You made most of the phone calls. And I almost never cook. So I don't want to pay half of these bills.

B: But, Sam, we agreed to pay everything 50-50!

A: I think $200 is not enough. This month you need to pay more than half.

◒ Translate the following sentences into English and Korean.

1. The library charges late fees.
2. A dog is a good pet for children.
3. A young man fell in love with a young woman.
4. 그 상점을 재고정리 세일 중이다.
5. 제임스(James)는 그 파티에 가지 않았다.

〈Answers〉

1. 도서관은 연체료를 부과한다.
2. 개 한 마리는 어린이들에게 좋은 애완동물이다.
3. 한 젊은 남성이 한 젊은 여성과 사랑에 빠졌다.
4. The store is having a clearance sale.
5. James didn't go to the party.

PART 2

음의 변화와 주의해야 할 발음

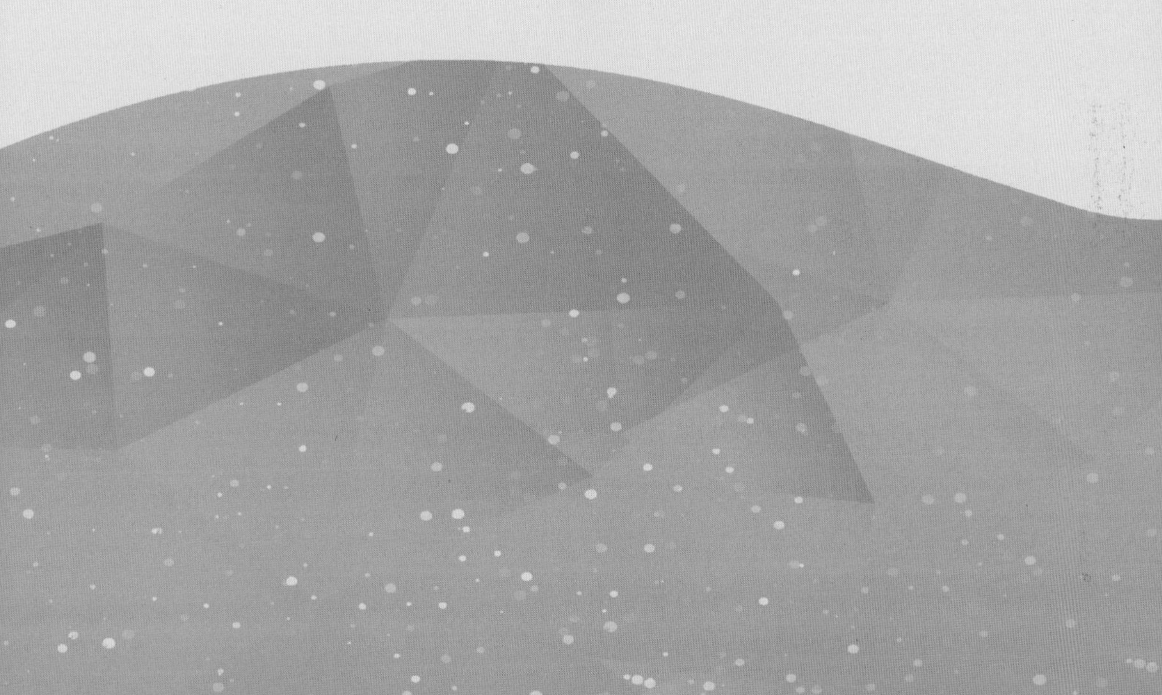

한국의 영어 학습자들에게 일차적으로 필요한 것은 눈으로 확인하는 영어와 귀로 듣고 말을 하는 영어가 다르다는 점을 먼저 기억해야 한다.

1 닮는 소리: 동화

닮는 소리는 동화(同化; assimilation)라고 한다. 닮는 소리는 가까이 있는 두 개의 서로 닮아서 다른 소리로 나는 것을 일컫는다. 닮는 소리에는 네 가지 현상 즉, 단타음화, 구개음화, 비음화와 역행동화가 있다. 영어소리가 모두 이렇게 되는 것은 아니지만, 동화 현상은 미국영어에서 많이 나타난다. 부부가 서로 닮듯이 영어소리도 가까이 있게 되면 어떻든 닮으려고 하는 현상이 일어난다.

(1) 짧게 치고 나오는 소리되기

짧게 치고 나오는 소리되기는 단타음화(單打音化; Flapped "t")라고 부르기도 한다. 이것은 영어를 정상적인 속도로 소리를 낼 때 일어나는 현상으로 주로 미국영어에서 일어나는 경우이다. 영어 학습자의 경우 세 번내지 다섯 번 정도 소리를 내어 발음하다 보면 이런 현상이 자연스럽게 일어난다.

짧게 치고 나오는 소리되기는 철자 t(tt)나 d(dd)가 강한 모음(강모음)과 약한 모음(약모음) 사이에 놓이게 되면 t도, d도 r도 아닌 소리가 난다. 강한 모음은 기본 모음인 a, e, i, o, u가 제대로 음을 내어 소리를 내는—음가를 살리게 되는—것이다. 약한 모음은 기본 모음이 약하게 소리를 내는 것으로 [ə]로 소리를 내는 것이다. 한 개의 영어 낱말에서 모음에 강세를 받게 되는데, 여러 개의 모음이 있다 할지라도 한 개만 강하게 소리를 내고 다른 모음은 약하게 소리를 낸다.

이런 음의 변화는 한글로 표기할 수 없는 발음이지만, 영어로는 'r̥'로 표시한다. 이런 음의 변화는 영어에는 자주 나오기 때문에 꼭 알아놓아야 한다. 이 소리 현상을 익히려면 소리를 내어 발음연습을 해보고 듣는 방법 이외에는 다른 길이 없다.

그렇다고 't'나 'd'가 강모음과 약모음 사이에 있을 경우, 반드시 이렇게 단타음화로 되는 것은 아니다. 그러니까 개별적으로 't'나 'd'의 낱말을 그 철자의 소리대로 발음되는 경우도 많다. 하지만 우리가 특이하고 이상한 소리 현상을 이해하게 되면 정상적인 소리 현상은 쉽게 이해할 수 있지 않을까?

참고로 모음이 강세를 받으면 강모음(强母音)이 된다. 강모음은 그 모음의 음을 제대로 발음해주는 것이다. 그리고 모음이 강세를 받지 않으면 약모음(弱母音)이 된다. 약모음은 [ə]로 소리가 나기 때문에 거의 들릴 듯 말듯한 소리인데, 모음 체계표(42쪽 그림 참조)의 한 가운데에 자리를 잡고 있다.

I. 다음 영문을 큰소리로 높고 낮게 노래하고 춤을 추듯이 소리를 내어 읽어 보세요.

1. He is climbing a ladder.
2. She's putting on a white coat.
3. The woman is getting dressed.
4. The woman is waiting for service.
5. The woman is writing down her address.

II. 다음 대화문을 상황에 맞게 감정을 넣어 소리를 내어 읽어 보세요.

1.

A: Why is it so cold in this room?

B: The heating system doesn't work.

2.

A: Did you watch the game?

B: Yeah, it was pretty exciting. Too bad it rained.

3.

A: I need to take a computer class this semester and I need some advice.

B: Sure. How can I help you?

A: Well, I know a little about computer, so I want a class that's not too simple.

III. 다음 대화문을 상황에 맞게 감정을 넣어 소리를 내어 읽어 보세요.

1.

A: Hi, I'm looking for a battery for this camera.

B: Sure, we had those. They're nine ninety-five each.

A: Okay, I'll take two. Do you have a lens cap for this camera, too?

B: Yes, right here. It's only two dollars and fifty cents.

A: Fine.

2.

A: Did you find a summer job?

B: Yeah. I got a job in a clothing factory.

A: So what do you do?

B: I pack things in boxes. It's pretty boring. Same thing day in and day out. But the money is pretty good. I get $9 an hour.

A: Hey, not bad.

◒ Translate the following sentences into English or Korean.

1. He gave me a lot of books to read.

2. The gardener is watering the plants.

3. The passengers are getting off the plane.

4. 한 여인이 아이스크림을 먹고 있다.

5. 저는 수요일에 스파게티를 먹습니다.

〈Answers〉

1. 그는 나에게 읽을 책을 많이 주었다.

2. 정원사가 식물들에게 물을 주고 있습니다.

3. 승객들은 비행기에서 내리고 있습니다.

4. A woman is eating ice cream.

5. I eat spaghetti on Wednesday.

(2) 구개음화

닮는 소리 가운데 하나인 구개음화(口蓋音化)는 두 가지 즉, [d]와 [j]가 합쳐지면 [ʤ]로 소리가 나는 경우([d]+[j]=[ʤ])와 [t]와 [j]가 합쳐지면 [ʧ]로 소리가 나는 경우([t]+[j]=[ʧ])가 있다. 그런데 이 두 가지의 경우, 영어 소리 현상이 반드시 이대로 나는 것은 아니다. 그러니까 철자대로 따로 소리가 나는 경우도 있다는 뜻이다. 그렇지만 구개음화를 현상을 이해하게 되면 철자 그대로 소리가 나는 발음은 쉽게 이해할 수 있을 것이다.

① [t]와 [j]가 합쳐지는 경우

닮는 소리의 두 번째 현상은 [t]와 [j]가 합쳐지면 [ʧ]로 발음된다. 이런 현상을 닮는 소리 가운데 구개음화(口蓋音化)라고 한다.

I. 다음 영문을 큰소리로 높고 낮게 노래하고 춤을 추듯이 소리를 내어 읽어

보세요.

1. I know what you mean.

2. I'll let you know tomorrow.

3. Can I get you anything for dessert, sir?

4. Hold just one moment and I'll connect you.

5. Don't you think they could provide more reserved spaces in the parking garage?

II. 다음 대화문을 상황에 맞게 감정을 넣어 소리를 내어 읽어 보세요.

1.

A: Don't you need a ticket for the show?

B: I already have one.

2.

A: You want to speak first, don't you?

B: No, I'd rather wait until the end.

3.

A: Do you like coffee?

B: Not really. What about you?

A: Yes, I do.

III. 다음 대화문을 상황에 맞게 감정을 넣어 소리를 내어 읽어 보세요.

1.

A: Why don't you try on these sunglasses? I think they're really cool.

B: Let me see. Yeah . . . very cool!

A: And they're on sale. They're only $29.95.

B: That's not bad. I'll buy them. They'll be great for the beach.

2.

A: Hello.

B: Hi, David.

A: Oh, Hi, Linda, what's up?

B: Nothing much. What about you?

A: Not much either.

B: Do you want to do something?

A: Sure, but it can't cost much money.

B: What about going for a run?

A: Sounds like a great idea. I love a good workout. I'll meet you in ten minutes.

B: Terrific.

◒ Translate the following sentences into English or Korean.

1. Can I get you anything from the store?
2. Why aren't you working on the report?
3. That's it for now, but if I get any news I'll let you know.
4. 당신은 오는 저녁에 영화를 보러가고 싶습니까?
5. 저는 당신을 그렇게 오랫동안 기다리게 해서 정말 미안합니다.

〈Answers〉

1. 상점에서 사다 드릴 것 없어요?
2. 왜 보고서를 작성하고 있지 않죠?

3. 지금은 그게 전부예요. 하지만 제가 무슨 소식 들으면 알려 드릴 게요.
4. Would you like to see a movie tonight?
5. I'm awfully sorry to have kept you waiting so long.

② [d]와 [j]가 합쳐지는 경우

닮는 소리 가운데 하나인 구개음화(口蓋音化)는 두 가지 가운데, [d]와 [j]가 합쳐지면 [ʤ]로 소리가 나는 경우([d]+[j]=[ʤ])이다.

I. 다음 영문을 큰소리로 높고 낮게 노래하고 춤을 추듯이 소리를 내어 읽어 보세요.

1. How did you like the show?
2. What would you recommend?
3. Did you call the customer back?
4. Could you carry these books for me?
5. What did you get for your last birthday?

II. 다음 대화문을 상황에 맞게 감정을 넣어 소리를 내어 읽어 보세요.

1.

A: Could you give me a ride to the airport tomorrow morning?

B: Possibly. What time do you need to be there?

2.

A: Would you look over my research proposal before I submit it?

B: I'd be happy to.

3.

A: Would you like to go to a movie tomorrow night?

B: Gee, I'd love to, but I'm really busy this week.

A: Oh, well, maybe some other time.

III. 다음 대화문을 상황에 맞게 감정을 넣어 소리를 내어 읽어 보세요.

1.

A: Did you just arrive?

B: I arrived on August 2nd.

A: Are you enjoying your vacation?

B: Until the 16th. Not long enough really.

2.

A: What did you do last weekend?

B: I went to a baseball game on Saturday.

A: Oh, really? That sounds like fun. Who did you go with?

B: I went with my friend Simon.

◒ Translate the following sentences into English or Korean.

1. Did you see what happened?

2. Would you like me to fix some coffee?

3. When did you start working at the embassy?

4. 오늘 해변에 가실래요?

5. 조사 결과를 출력해 주시겠어요?

〈Answers〉

1. 무슨 일이 있었는지 당신이 보셨나요?
2. 당신은 제가 커피 좀 갖다드리기를 원하십니까?
3. 당신은 언제 대사관에서 근무하기 시작했나요?
4. Would you like to go to the beach today?
5. Would you mind printing the results of the survey?

(3) 콧소리 되기: 비음화

닮는 소리(동화)에서 콧소리 되기 즉, 비음화(鼻音化)는 철자 nt가 붙어 있는 경우에 해당된다. 콧소리 되기는 'nt' 발음의 경우 뒷소리 't'가 앞소리 'n'을 닮아 콧소리로 되는 현상이다. 'nt'에서 't'는 앞에 있는 콧소리 'n'을 닮아서 'n'으로 변하여 'nn'이 된다. 'nn'에서 'n'이 두 번 겹쳐 나오기 때문에, 앞의 'n'은 탈락된다. 따라서 'nt'는 'n'으로 발음된다. 'nt'의 음이 반드시 이렇게 되는 것은 아니지만, 일상적인 구어체에서 많이 들을 수 있는 현상이다. 'nt' 소리가 'nt'로 들리든 'n'으로 들리든 두 가지 모두 알아두면 영어 소리를 들을 때 혼동되지 않을 것이다.

그런데 반드시 'nt'만이 콧소리 되는 것은 아니고, 'nd'도 콧소리로 되는 경우가 가끔씩 있다. 그 이유는 't'나 'd'는 한 집안 식구이기 때문이다. 't'와 'd'는 같은 위치에서 소리가 나지만, 차이가 있다면 't'는 성대(vocal cord)를 떨지 않고 나오는 무성음(無聲音)이고, 'd'는 성대를 떨고 나오는 유성음(有聲音)이라는 차이가 있을 따름이다. 콧소리 되기의 낱말은 다음과 같다.

Atlanta, accountant, accounting, center, counter, dental, dentist, diet centers, granted, interest, interesting, international, interval, interview, mental, Pentagon, plenty, rental, Santa Claus, twenty, wanted, sent it, want it, want to, went out, in front of 등.

그리고 가끔 'kind of'의 경우는 자음이동이 되어 '카인더브'로 되는 경우도 있고, 콧소리로 되어 '카이너브'로 발음이 되는 경우도 있다. 'kind of'는 '얼마간' 또는 '약간' 또는 '좀'(somewhat)이란 뜻이다. 그리고 'a kind of'의 경우에는 '일종의' 또는 '한 가지 종류'라는 뜻이다. 예문들은 다음과 같다.

What kind of art?

What kind of work do you do?

She's kind of tall with brown hair.

He'll be kind of mad, but what can I do?

Yeah I do a lot of cooking. I kind of enjoy it. It helps me relax.

I. 다음 영문을 큰소리로 높고 낮게 노래하고 춤을 추듯이 소리를 내어 읽어 보세요.

1. The man is painting a picture.
2. You've always wanted to work overseas.
3. I'm not desperate to find a job at the moment.
4. Channel Five has the best international coverage.
5. This is a nice party, isn't it? Everyone is so friendly.

II. 다음 대화문을 상황에 맞게 감정을 넣어 소리를 내어 읽어 보세요.

1.

A: How was the movie?

B: It was disappointing. The story is really stupid, and I can't stand the main character. You know—what's his name.

2.

A: I'd like to rent a car. Something nice and sporty.

B: Sure. We have a beautiful, red sports car that's just come back.

3.

A: Do you mind lending me this book? I'd like to read it. I hear it's really good.

B: Yeah, help yourself.

A: Thanks.

III. 다음 대화문을 상황에 맞게 감정을 넣어 소리를 내어 읽어 보세요.

1.

A: So you work for a TV producer. That must be interesting work.

B: It's OK.

A: And what kind of work do you do?

B: Well, I'm on the road a lot.

A: Oh yeah—a kind of personal secretary?

B: Well not quite—I drive her to work.

2.

A: Is this your first visit?

B: No, I have an appointment every week at this time.

A: Oh, I see. Did you bring your insurance form with you?

B: Here it is.

A: The doctor will be with you shortly.

B: You're new here, aren't you? What happened to the other receptionist?

◒ Translate the following sentences into English and Korean.

1. Why don't we rent a video tomorrow night?
2. We are calling about your dental appointment.

3. The painting was found for sale in a city art shop.

4. 당신은 약속을 하고 싶습니까?

5.제가 자동차를 빌리고 싶습니다.

〈Answers〉

1. 우리 내일 저녁에 비디오를 빌리지 그래?

2. 우리는 당신의 이와 관련된 약속에 관해 전화를 하고 있습니다.

3. 그 그림은 시내 미술품 가게에서 싸게 파는 것을 판명되었다.

4. Would you like to make an appointment?

5. I'd like to rent a car.

(4) 역행동화

닮는 소리 현상 가운데 다음과 같은 경우에는 뒷 소리의 영향을 받아 앞의 소리가 바뀌면서 닮는 현상이다. 이것을 역행동화(逆行同化)라고 하기도 한다. 여기에는 let me~의 경우와 give me~의 경우가 있다.

① let me~의 경우

let me의 경우에는 let의 t가 me에 있는 m의 영향을 받아 lem으로 변한다. 따라서 lemme로 되는 현상이다. 이 상태에서 표기되기도 되지만, 소리는 mm이 겹치기 때문에 앞의 m이 탈락되어 '레미'에 가깝게 발음된다.

I. 다음 영문을 큰소리로 높고 낮게 노래하고 춤을 추듯이 소리를 내어 읽어 보세요.

1. Let me see your receipt.

2. I don't know, let me take a look.

3. Just let me have a look at her schedule.

4. Let me tell you a little bit about the job.

5. Let me know if I can do anything to help.

II. 다음 대화문을 상황에 맞게 감정을 넣어 소리를 내어 읽어 보세요.

1.

A: What are these papers?

B: Let me see. These! These are receipts.

2.

A: How shall I price these calculators?

B: They were $39.95, Anthony, but let me check the current price list.

3.

A: This pain in my head is terrible.

B: Let me get you some aspirin.

A: Thanks. That's just what I need.

III. 다음 대화문을 상황에 맞게 감정을 넣어 소리를 내어 읽어 보세요.

1.

A: Excuse me, ma'am?

B: Yes?

A: Let me put that bag in the overhead compartment for you. It's too big to leave under your seat.

B: Oh, OK. Thanks.

2.

A: Excuse me. I bought this briefcase here the other day. Look. Here's my receipt.

B: Yes?

A: The problem is, I can't get the lock to work.

B: Strange. Let me see. Oh, yes, I see the problem. I can fix that for you.

◒ Translate the following sentences into English and Korean.

1. Please let me past.
2. Let me do the dishes.
3. Let me give you an example.
4. 우선, 질문이 있어요.
5. 매니저에게 확인해 볼게요.

〈Answers〉

1. 저 좀 지나가게 해 주세요.
2. 설거지는 내가 할게.
3. 예를 하나 들어보겠습니다.
4. First of all, let me ask you something.
5. Just let me check with my manager.

② give me~의 경우

give me의 경우에는 give에서 끝에 있는 모음 e는 본래 소리가 약해 잘 들리지 않 는다. 그래서 give의 v가 me에 있는 m의 영향을 받아 gim으로 변한다. 따라서 gimme로 변하는 현상이다. 이 상태에서 표기되기도 하지만, 소리는 mm이 겹치기 때문에 앞의 m이 탈락되어 '기미'로 발음된다.

I. 다음 영문을 큰소리로 높고 낮게 노래하고 춤을 추듯이 소리를 내어 읽어보세요.

1. Give me another part.

2. Give me some examples.

3. Could you give me the address?

4. Please. Listen, please don't give me a ticket.

5. Well, give me a couple of minutes to think about it, OK?

II. 다음 대화문을 상황에 맞게 감정을 넣어 소리를 내어 읽어 보세요.

1.

A: Would you like mustard or mayo?

B: James, look, I don't really care. Just give me a tuna fish sandwich!

2.

A: Can you give me the number for Kumho Heavy Industry?

B: The number is 742-0661.

3.

A: Where are you headed for?

B: I have to be downtown in a half hour. Could you give me a ride?

A: No problem. With pleasure.

III. 다음 대화문을 상황에 맞게 감정을 넣어 소리를 내어 읽어 보세요.

1.

A: My favorite kind of art ia pop art.

B: What did you say?

A: My favorite kind of art is pop art.

B: Can you give me an example of that?

2.

A: How d'ya like my new haircut, Anna?

B: It's great! Who's your hair stylist?

A: His name's Jose.

B: Kin ya give me his phone number?

A: Sure, but he's always very busy. You kin try calling him, but he might not be able to see ya until next month.

◒ Translate the following sentences into English and Korean.

1. My customers give me good tips.
2. Can you just give me directions to the bus stop?
3. Give me a call and . . . wait, I see a light flashing.
4. 제가 당신의 차를 사용해도 되겠습니까?
5. 당신은 자동차로 저를 태워주실 수 있나요?

〈Answers〉

1. 저의 고객들은 저에게 팁을 줍니다.
2. 당신은 저에게 버스 정류장에 가는 방향을 알려주시겠어요?
3. 전화를 주세요. . . 잠깐, 저는 불빛이 반짝거리고 있는 것을 보고 있어요.
4. Could you let me use your car?
5. Can you give me a ride?

2 이어지는 소리: 연결

영어에서 두 가지 이상의 낱말이 이어져 나올 경우에 두 개의 낱말이 서로 붙어서 소리가 나는 경우가 많다. 낱말이 서로 붙어서 소리가 합쳐져서 소리가 나게 되는 이어지는 소리 즉, 연결(連結; linking, liaison) 또는 연음(連音)에는 자음이동과 약모음이동의 두 종류가 있다. 두 개가 한 개로 붙어서 소리가 나기 때문에 영어가 외국어인 우리나라 영어발음 학습자들에게는 이런 소리를 이해하는데 힘들 수밖에 없다. 특히 중요하지 않은 낱말의 철자가 붙어서 소리가 나는 것 때문에 중요한 내용 낱말을 놓치는 경우가 대부분이다. 이를 대비하여 다음에서 몇 가지 자주 나오는 예들을 미리 익혀두면 중요하지 않은 소리에 유혹당하지 않을 것이다. 이런 음의 변화는 영어에는 자주 나오기 때문에 꼭 알아놓아야 한다.

1) 자음이동

사람도 사이가 좋으면 서로 붙어서 지내게 된다. 자음이동(子音移動; consonant transfer)은 가까이 있는 두 개의 낱말이 이어져 나올 경우 앞 낱말의 끝 철자가 뒤에 있는 낱말의 앞에 가서 붙어 소리가 나는 현상이다. 물론 영어를 듣거나 말을 할 때 제대로 이해하고 표현하는 사람에게는 붙어서 나는 소리가 부드럽고 아름답게 들리겠지만, 이런 소리를 처음 듣게 되는 사람에게는 그 소리가 어렵게 느껴지거나 짜증스러울 수 있다.

자음이동을 그림으로 그려보면 다음과 같습니다.

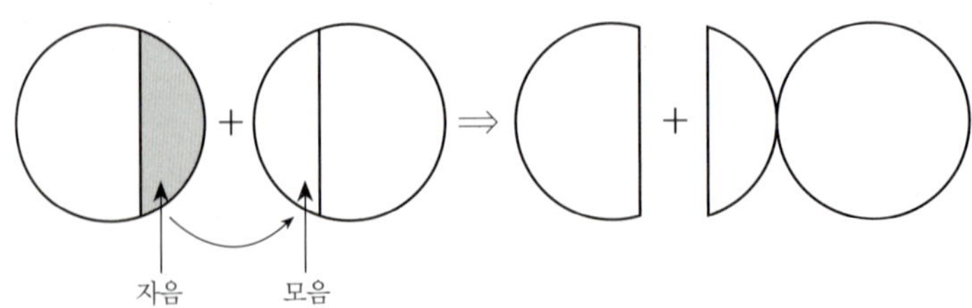

그런데 'kind of'의 경우, 자음이동이 되어 '카인더브'로 되는 경우도 있고, 'nd'에서 'd'가'n'을 닮아 콧소리가 되는 현상으로 '카이너브'로 발음이 되는 경우도 있다. 이런 예문들을 다음과 같다.

I'm kind of tired.

She's kind of shy.

It looks kind of old.

She's kind of tall with brown hair. 등.

그런데 곧 설명할 약모음 이동은 자음이동과 방향이 서로 반대인데, 이 두 가지 현상 모두 영어 음운변화에서 자주 나타나는 소리현상이다. 특히 이런 연결 현상은 꼭 익혀두어야 영어 소리를 듣는데 어려움이 많이 줄어들게 된다.

I. 다음 영문을 큰소리로 높고 낮게 노래하고 춤을 추듯이 소리를 내어 읽어 보세요.

1. She works in London.
2. The ship is in the water.
3. Is it all right if I smoke?
4. The meal is on the table.
5. It leaves at 9 o'clock from track 11.

II. 다음 대화문을 상황에 맞게 감정을 넣어 소리를 내어 읽어 보세요.

1.

A: Where's your brother right now?

B: He's on vacation. He's in Korea.

2.

A: Is John there, please?

B: I'm sorry he's not here right now. Could I take a message?

3.

A: Excuse me, could you tell me where the Holiday Inn is?

B: Certainly. It's at Fourth and Main. Go straight ahead two blocks. Turn right. It's on the next corner, on your left.

A: Thank you very much.

III. 다음 대화문을 상황에 맞게 감정을 넣어 소리를 내어 읽어 보세요.

1.

A: Where are you working this summer, Roxanne?

B: I'm working at a summer camp for young kids.

A: Oh, that must be fun.

B: Yeah. It is most of the time.

A: Most of the time?

B: Yeah. Well, it keeps me in shape but it can be pretty tough. You know kids. They have so much energy. They really wear me out sometimes..

2.

A: HOLD IT!

B: What?

A: Don't move!

B: What's wrong?

A: What are you doing in this building?

B: I'm working late.

A: Oh? Where's your I.D. card?

B: It's in my pocket, in my wallet.

◒ Translate the following sentences into English and Korean.

1. It's up to you.
2. This is on me.
3. All video equipment is on sale today and tomorrow.
4. 그게 얼마입니까?
5. 제가 담배를 피워도 되겠습니까?

〈Answers〉

1. 당신이 좋을 대로 결정하세요.
2. 이번은 내가 내는 거야.
3. 오늘 비디오 장비를 오늘과 내일 할인해 드립니다.
4. How much does it cost?
5. Would you mind if I smoke?

2) 약모음이동

약모음이동(弱母音移動; weak vowel shift)은 두 낱말이 이어져 나올 경우, 가까이 있는 두 개의 낱말에서 뒤에 있는 낱말의 앞부분에 있는 철자인 약모음 [ə]가 앞에있는 낱말의 뒤에 가서 붙어 소리가 나는 현상이다. 자음이동과 방향이 반대라고 할 수 있다.

초등학교부터 음악 시간에 음정 연습을 하기 위해 '아, 에, 이, 오, 우'라고 하면서 음악 선생님을 따라 소리를 내어 본 적이 있을 것이다. 왜 '아, 에, 이, 오, 우'라고 소리 높여 음악 선생님을 따라 소리를 냈을까? 음악 선생님도 그 이유를 대개 말씀하시지 않으셨을 것이다. 그 이유는 무엇일까?

약모음 [ə]는 다음 모음 체계표에서 보는 바와 같이 우리들 입안의 한 가운데서 자연스럽게 소리가 나는 음이다. 약모음은 약한 모음, 애매 모음이나 자연 모음이라고 불리어지기도 한다.

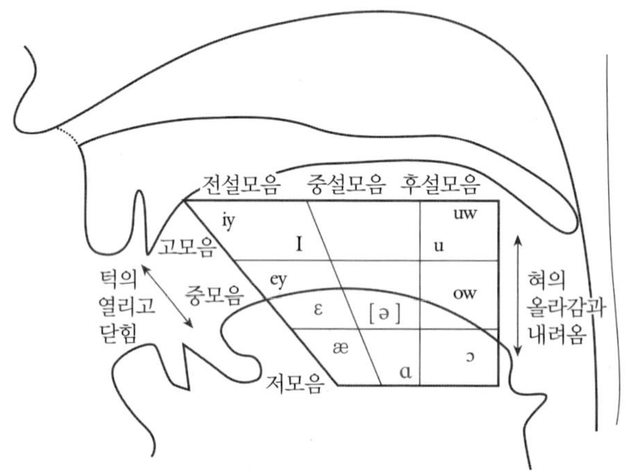

약모음 이동을 그림으로 그려보면 다음과 같다.

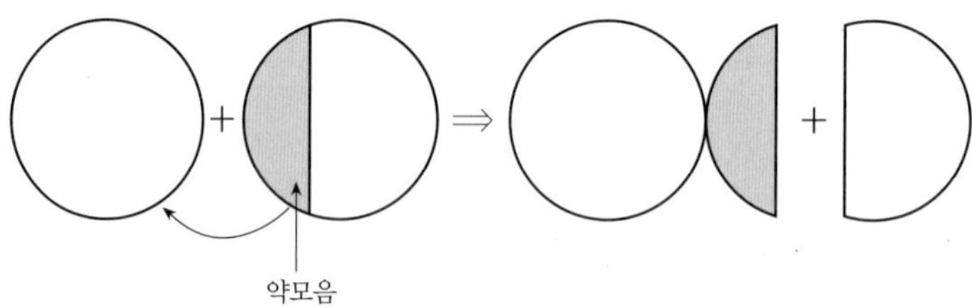

그런데 약모음 이동은 바로 앞에 설명한 자음 이동과 더불어 영어발음에서 자주 나타나는 소리현상이다. 우리가 이런 연결 현상을 꼭 익혀두어야만 영어 소리를 듣는데 어려움을 많이 줄여 주게 된다.

＊ 특히 부정관사 a나 an의 소리로서의 운명은?

특히 'a'나 'an'의 경우에는 대부분 앞 단어의 꽁무니에 가서 붙어서 소리가 나기 때문에, 혼자서 제대로 소리가 나는 경우가 드물다.

1. Please have a seat.

2. See you in an hour.

3. Take a test drive today.

4. It's a beautiful day, isn't it?

5. I rent videos two or three times a week.

I. 다음 영문을 큰소리로 높고 낮게 노래하고 춤을 추듯이 소리를 내어 읽어 보세요.

1. Are you in a hurry?

2. I'll call again later.

3. The woman is making a copy.

4. She's working in a laboratory.

5. The overpass casts a shadow on the road.

6. Would you like to leave a message for her?

(※ I'll call again later.에서 again의 영국식 발음은 [əgein]이고, 미국식 발음은 [əgein]이다. again은 생활영어나 팝송의 가사 등에 자주 나오는 것이기 때문 에 분명히 알아둘 필요가 있다.)

II. 다음 대화문을 상황에 맞게 감정을 넣어 소리를 내어 읽어 보세요.

1.

A: Where can I cash a check?

B: You can cash a check at the bank.

2.

A: When was the party over?

B: Everyone left around midnight.

3.

A: How did you enjoy it?

B: It really made me laugh. The story was crazy but it was very funny. And I love Cheryl Strong. She's one of my favorite actress.

A: Oh yeah, she's great.

III. 다음 대화문을 상황에 맞게 감정을 넣어 소리를 내어 읽어 보세요.

1.

A: How was your year, Charles? Did you enjoy your classes at City College?

B: Actually, I didn't complete the year there. I was taking a computer course but I decided I wanted to study business instead, so I changed to a new school—New World Business College.

A: Really? I don't know that school. How was it?

B: Very good. I learned a lot.

2.

A: Wow, this is a great house!

B: Thanks.

A: When did you move in?

B: We bought it three months ago. We finally moved in last week.

A: How much did you pay for it?

B: Uh, well, it was a good, I mean, uh, a pretty good price, uh... Would you like a drink or something?

A: Yeah, a glass of water would be nice, thanks. It was rude of me to ask how much you paid. I'm sorry.

◒ Translate the following sentences into English and Korean.

1. I'm afraid she's out on holiday today.
2. When the cat's away the mice will play.
3. I'm so happy you two are friends again.
4. 메시지를 남겨 드릴까요?
5. 지금 당장 의사를 불러요.

〈Answers〉

1. 그녀는 오늘 휴가입니다.
2. 호랑이가 없는 굴에서는 토끼가 왕.
3. 너희 둘이 다시 친구가 된 것에 대해 나는 아주 행복해.
4. May I take a message?
5. Call your doctor right away.

3 없어지는 소리: 탈락

없어지는 소리는 탈락(脫落; deletion)이라고 부르기도 한다. 없어지는 소리는 네 가지 경우에 일어난다. 첫째, k/g, p/b, t/d가 자음과 자음사이에 놓이면 없어져 버린다. 둘째, 가까이 있는 두 개의 낱말 또는 한 개의 낱말에서 같은 철자가 이어져 나오게 되면 앞에 있는 철자가 없어진다. 셋째, 두 개의 낱말에서 가까이 있는 두 개의 철자 발음이 비슷하면 앞에 있는 철자가 없어진다. 넷째, 두 개의 낱말에서 가까이 있는 두 개의 철자가 다르지만 발음이 같으면 앞에 있는 철자가 없어진다. 이 네 가지가 없어지는 소리 현상이다.

1) k/g, p/b, t/d가 자음과 자음사이에 있는 경우

영어 소리를 낼 때 여섯 개의 철자 k/g, p/b, t/d가 자음과 자음사이에 놓이면 없어진다. k/g, p/b, t/d는 다음 자음 체계표에 나타난 바와 같이 파열음(破裂音)으로 발음을 할 때 갑자기 터져 나오는 소리이기 때문에, 발음을 할 때 공기를 넣어줄 시간이 없게 된다. 대부분의 자음은 모음과 더불어 사이좋게 가까이 놓여 있어 자음과 모음 모두 제대로 소리를 낼 수 있는데, 세 개의 자음이 연이어 나오는 경우에는 결국 사이에 있는 자음이 치이게 된다. 더더구나 이 여섯 개의 철자의 왼쪽과 오른쪽에 자음이 있기 때문에 어쩔 도리가 없이 소리내기가 힘들어져 아예 소리를 내지 않게 된다. 이런 음의 변화는 영어에는 자주 나오기 때문에 꼭 알아놓아야 한다. 모음의 경우에도 모음이 세 개 연이어 나오게 되면 한 개 또는 두 개의 모음은 제대로 소리가 나지 않는다. 자음이 세 개 연이어 나오는 경우와 비슷하다고 볼 수 있다.

〈자음 체계표〉

조음방식*	조음점						
	양순음	순치음	치음	치경음	경구개음	연구개음	성문음
파열음	p b			t d		k g	
마찰음		f v	θ ð	s z	ʃ ʒ		h
폐찰음					tʃ dʒ		
비음	m			n		ŋ	
유음				l	r		
전이음	w				y		

* 무성음은 각 칸의 윗부분에 있고, 유성음은 아랫부분에 있다.
* 파열음(p/b, t/d, k/g)은 공기의 흐름이 풀려나오기 전에 완전히 차단되어 있다가 터지는 소리이다.

I. 다음 영문을 큰소리로 높고 낮게 노래하고 춤을 추듯이 소리를 내어 읽어 보세요.

1. Thanks!
2. I don't think he has finished it.
3. Could I take next Monday off?
4. The boss isn't going to like that.
5. We hope you all have a very merry Christmas.

II. 다음 대화문을 상황에 맞게 감정을 넣어 소리를 내어 읽어 보세요.

1.

A: You don't work on Fridays, do you?

B: Not unless I have a meeting.

2.

A: The quality of the recording is very good indeed.

B: Some of the students did very well.

3.

A: So everybody's fine at home?

B: Yes, they are. My sister's going to get married next month. We're all so excited, And Terry just graduated from law school.

A: Really? That's fantastic.

* 1의 대화문 You don't work on Fridays, do you?에 있는 don't와 같이 영어에서 자주 쓰이는 부정형이 많이 등장한다. 대부분의 경우 부정형에서 t의 발음은 탈락된다.

(그래요 또는 아니요 의문문에서)

A: Haven't they confirmed the reservation yet?

B: Yes, by phone.

(부정 의문문에서)

A: Shouldn't the budget proposal have been approved by now?

B: It's taking longer than we expected.

(꼬리표 의문문에서)

A: These client files are ordered alphabetically, aren't they?

B: Yes, by last name.

A: I'll be sharing this office, won't I?

B: Yes, your de나 is by the window.

(제안이나 권유나 요청하는 의문문에서)

A: Why don't I give you a ride to the airport on Monday morning?

B: Thanks, but I've already arranged for a taxi.

III. 다음 대화문을 상황에 맞게 감정을 넣어 소리를 내어 읽어 보세요.

1.

A: Hi Jane! Where were you last week?

B: I was in Boston. I came back two days ago.

A: What did you do there?

B: I visited my grandchildren.

A: How nice.

2.

A: Ouch, don't touch my back. My skin is really burning.

B: Your whole body is getting red, you know. You should be careful.

A: Yeah, I guess so.

B: How much longer are we going to stay out here?

A: Oh, another hour at least. I just love this beach.

B: You shouldn't lie in the sun so long without protection. You're getting a TERRIBLE sunburn.

◒ Translate the following sentences into English and Korean.

1. Why don't we take a taxi to the post office?

2. The musicians are tuning their instruments.

3. Don't forget to take your umbrella to work with you today.

4. 우리 영화 보러 가지 그래?

5. 당신은 여행자 수표를 살 필요가 없습니다.

〈Answers〉

1. 그 음악가들은 악기를 조율하고 있다.
2. 우체국까지 택시를 타고 가는 게 어떨까요?
3. 오늘 네가 직장에 갈 때 우산 가져가는 것을 잊지 마라.
4. Why don't we go to the movies?
5. You don't have to buy traveler's checks.

2) 가까이 있는 두 개의 낱말 또는 한 개의 낱말에서 같은 철자가 겹치게 되는 경우

가까이 있는 두 개의 낱말 또는 한 개의 낱말에서 같은 철자가 이어져 나오게 되면 앞에 있는 철자가 없어진다. 영어에서 똑같은 두 개의 철자가 이어서 나올 때 앞의 철자는 생략하여 발음하게 된다. 한국어의 된소리는 영어에서 제대로 소리가 나지 않는다는 뜻이 된다. 이런 탈락(脫落; Deletion) 현상은 한 낱말 안에서도 있을 수 있겠지만, 두 낱말이 이어져 나올 경우에도 해당이 된다. 가령, 'want to'의 경우 '완터투'가 아니라 '완터'에 가깝게 들리게 됩니다.

A: What time should I meet you in the lobby?

B: How about an hour?

* What time에서 What의 t는 time의 t와 같은 철자이기 때문에 t가 탈락된다. 그래서 '왓 타임'이 아니라 '와 타임'에 가깝게 들린다. 그리고 What의 h는 거의 소리가 들리지 않기 때문에 '홧'이 아니라 '왓'에 가깝게 들린다.

I. 다음 영문을 큰소리로 높고 낮게 노래하고 춤을 추듯이 소리를 내어 읽어 보세요.

1. The lamp is next to the table.
2. How do I get to the boardroom?

3. What's wrong with the computer?

4. Can I get two tickets for tonight's performance?

5. Could you please have her call me first thing tomorrow?

II. 다음 대화문을 상황에 맞게 감정을 넣어 소리를 내어 읽어 보세요.

1.

A: Can you tell me how many times?

B: I think I went twice.

2.

A: What time was the conference call?

B: At 9:00. I'm sorry you missed it.

3.

A: The first time I went to the movies was when I was 10 years old.

B: What did you see?

A: *The Lion King*. I went with my dad.

III. 다음 대화문을 상황에 맞게 감정을 넣어 소리를 내어 읽어 보세요.

1.

A: We went to the beach.

B: First, we fell asleep in the sun.

A: Next, we went swimming.

B: After that, we walked on the beach.

2.

A: Let's do something tonight.

B: How about a movie? That new comedy is playing downtown.

A: Hm. I don't really want to see a comedy. Is there anything else?

B: There's a love story, too.

A: That sounds good. What time does it start?

B: It starts at 7: 30.

A: O.K. Let's go then.

◒ Translate the following sentences into English and Korean.

1. She's on the swimming team at school.
2. I want to know the results of the election.
3. We are looking for students who want to participate.
4. 저는 파티에 갔습니다.
5. 제인(Jane)은 아이와 함께 집에 머물고 있습니다.

〈Answers〉

1. 그녀는 학교 수영팀에 소속되어 있습니다.
2. 저는 선거의 결과를 알고 싶습니다.
3. 우리는 참가하고 싶은 학생들을 찾고 있습니다.
4. I went to a party.
5. Jane stays at home with the baby.

3) 두 개의 낱말에서 가까이 있는 철자의 발음이 비슷한 경우

두 개의 낱말에서 가까이 있는 철자의 발음이 비슷하면 앞에 있는 철자가 없어진다. 이런 경우 단순히 철자가 비슷한 경우가 많지만, 결과적으로 소리가 비슷한 경우에 해당된다고 보는 것이 더 알맞을 것이다. 이런 탈락 현상은 주로 자음 두 개가 연이어 있을 때 일어나는 경우가 대부분이다.

They are working at their desks.라는 글에서 at의 t와 their의 th[ð]가 비슷한 발음이기 때문에 앞의 t가 탈락된다. 다음의 글도 마찬가지이다.

It's in the drawer.

When did the package arrive?

The cleaner's is next door to the bank.

The woman has put the present on the table.

Please tell him I do need to see him urgently.

I. 다음 영문을 큰소리로 높고 낮게 노래하고 춤을 추듯이 소리를 내어 읽어 보세요.

1. How long did the journey take?
2. Have you met the new manager?
3. They are looking out the window.
4. Would it be OK if I borrowed this pen?
5. I had to stay at home and look after my children.

II. 다음 대화문을 상황에 맞게 감정을 넣어 소리를 내어 읽어 보세요.

1.

A: Why is she happy?

B: She got a new job this morning.

2.

A: I just met the new board members.

B: I met them, too.

3.

A: Hurry. The bank closes at 2 P.M.

B: We have thirty minutes to get there. What's your rush?

A: I just want to be sure that I get there before it closes.

III. 다음 대화문을 상황에 맞게 감정을 넣어 소리를 내어 읽어 보세요.

1.

A: Julia, I'm home!

B: Did you get the food for dinner?

A: Yeah, and I got some other things, too. Look, I bought these jeans at that new shop in the mall.

B: Are they big enough?

A: Sure, I tried them on. I went to the sports shop, too. They had a sale on running shoes, but they didn't have my size.

2.

A: Did you do anything interesting over the weekend?

B: Well, I had to study for an exam.

A: All weekend?

B: Yeah. It was pretty awful.

A: When's the exam?

B: Today.

A: Well, good luck.

B: Thanks. I'll need it.

◒ Translate the following sentences into English and Korean.

1. I introduce music videos and talk about them.
2. We had to hear about the whole journey from beginning to end.
3. Sophia left the party in a hurry and didn't tell the prince her name.
4. 그들은 어제 떠나야 했다.
5. 오늘 이맘 때가 교통이 혼잡하다.

〈Answers〉

1. 저는 음악 비디오를 소개하고 음악 비디오에 관해 이야기합니다.
2. 우리는 그 여행 전체에 대해 처음부터 끝까지 들어야 했다.
3. 소피아는 그 파티를 급히 떠나게 되어 왕자에게 그녀의 이름을 말해주지 않았습니다.
4. They had to leave yesterday.
5. Traffic is heavy at this time of day.

4) 두 개의 낱말에서 가까이 있는 철자가 다르지만 발음이 같은 경우

두 개의 낱말에서 가까이 있는 철자가 다르지만 발음이 같으면 앞에 있는 철자가 없어진다. 이런 경우는 없어지는 소리 현상인 탈락이긴 하지만 영어에서 드물게 나온다.

'Police say'에서 'Police'의 'ce'가 [s]로 발음되고, 'say'의 's'와 같은 발음이 되기 때문에, '플리 세이'에 가깝게 발음된다. 마찬가지로 'since Saturday'의 경우, 'since'의 'ce'가 [s]로 발음되고, 'Saturday'의 's'와 같은 발음이 되기 때문에, '신세러데이'에 가깝게 발음됩니다. 이와 같은 현상은 영어에서 드문 경우이기 때문에 예문이 그렇게 많이 있지 않다.

I. 다음 영문을 큰소리로 높고 낮게 노래하고 춤을 추듯이 소리를 내어 읽어 보세요.

1. I stayed home and watched TV.
2. I've lived here since September 1st.
3. He has not seen her since Saturday.
4. They've been so kind to me since Sara died.
5. I'm sure they will have arrived downtown by now.

II. 다음 대화문을 상황에 맞게 감정을 넣어 소리를 내어 읽어 보세요.

1.

A: What did you do last night?

B: I stayed home and watched television.

2.

A: Have you ever modeled designer clothing before?

B: Yes, I did some modeling last summer and I was even in a few fashion shows.

3.

A: It's freezing. Your new air conditioner really works.

B: I have the system turned down low.

A: It really circulates the air. It's like a refrigerator in here.

III. 다음 대화문을 상황에 맞게 감정을 넣어 소리를 내어 읽어 보세요.

1.

A: So, Michael, how do you know John?

B: We worked together five years ago at Winkle's Department Store.

A: Winkle's?

B: We were both salespersons in the men's department.

2.

A: Good morning. Can I help you?

B: Yeah, I bought a sweater last week but, uh, I don't really like the color. It looked OK here, but when I got home it looked different. Anyway, the color looked terrible. I want to return it.

A: Yes, sir. Do you have the sales slip?

B: Uh, yeah. Here it is.

A: OK. Uh-oh. Uh, sir. This was on sale when you bought it. I'm sorry, but sale items can't be returned.

B: What!

A: I'm sorry, but that's the store policy. Things on sale can't be returned.

B: That's crazy. Let me talk to the manager.

A: Just a minute, please. Ms. Lee, there's a gentleman here who'd like to return a sale item . . .

◒ Translate the following sentences into English and Korean.

1. I'm sure he will have arrived downtown by now.
2. As she had been up since six a.m., she was very tired.
3. We worked together six years ago at Galleria Department Store.
4. 어떻든, 그 색깔은 엉망으로 보였습니다.

5. 그녀는 팔 월부터 여기에 살고 있습니다.

〈Answers〉

1. 제가 확신하건데 그는 지금쯤 시내에 도착했을 겁니다.
2. 그녀가 여섯 시부터 일어나 있었기 때문에, 그녀는 매우 피곤했습니다.
3. 우리는 갤러리아 백화점에서 육 년 전에 함께 일했습니다.
4. Anyway, the color looked terrible.
5. She's lived here since August.

* 없어지는 소리(탈락)가 함께 나오는 경우

A: I just met the new board members.

B: I met them, too.

(A: 방금 신임 이사를 만났어요.

B: 저도 그들을 만났어요.)

* 이 대화에서는 just met에서 just의 t는 자음과 자음 사이에 놓이는 여섯 개의 자음 가운데 하나이기 때문에 탈락된다. met the에서는 met의 t와 the의 th[ð]의 소리가 비슷하기 때문에 t가 탈락된다. board members에서는 board의 d가 자음과 자음 사이에 놓이기 때문에 탈락된다. met them에서는 met의 t와 them의 thth[ð]의 소리가 비슷하기 때문에 t가 탈락된다.

◈ 한 개의 영어글이나 영어말에서 한 개의 음의 변화가 일어나는 경우가 대부분이지만, 두 개 이상의 음의 변화 현상이 일어나는 경우도 있다. 이것을 혼합형 음변화라고 부르고자 한다. 예를 들어가면서 설명을 하면 다음과 같다.

The cars are next to the wall.

When does the last train get in?

The motorbike is in front of the bicycle.

I'll get my tools and get started right away.

Can you show me how to fill out this card?

A: What kind of food do they serve?

B: Very good Italian food.

4 줄어지는 소리: 축약

일반적으로 우리가 영어의 모든 음을 하나하나 분리하여 또렷하고 분명하게 소리를 내는 것은 아니다. 이런 경우 언어의 경제성 때문에 줄여서 소리를 내는 경우가 많다. 줄어지는 소리 또는 줄인 소리는 축약(縮約; contraction)이라고도 한다. 이것은 낱말의 일부를 apostrophe(')를 찍고 줄여서 소리를 내는 현상이다.

줄어지는 소리의 경우, 우리가 잘 아는 경우와 같이 Be 동사, Have 동사나 부정형 등과 같이 일반적으로 줄이는 경우—I am...=I'm..., You are...=You're..., He is...=He's..., She has...=She's... They have...=They've..., There is not...=There isn't... 등—가 있고, 낱말의 일부를 줄이는 경우—'cause=because, ma'am=madam 또는 madame— 등 또는 소리가 나는대로 발음하는 경우—I don't know.=I dunno.— 등과 이어지는 발음을 하는데 어려움이 있기 때문에 줄이는 경우—doing=doin', and='n, I miss 'em.=I miss them.— 등이 있다.

줄어지는 소리 가운데 가장 어려운 발음은 '~'ll'의 경우이다. 그 이유는 여기에 있는 철자 'l'이 우리나라 말에는 없는 소리이면서, 영어에서 제대로 소리를 내려고 하면 혀를 입천장에 붙여서 소리를 내야 하기 때문에, 가장 어려운 축약 현상 가운데 하나가 되고 있다. 평소 한국어에 없는 철자는 평소에 연습만 해두면 소리도 충분히 낼 수 있을 뿐만 아니라 들을 수도 있다.

I'll send them up right away.

I'll come down for it, thanks.

I'll pick you up on Friday, around 7:30.

I think it'll be too cold to go to the beach this weekend.

I don't think I'll change jobs again—at least not this year anyway.

줄어지는 소리에서 기본적으로 익혀두어야 할 것은 줄어지는 부정형의 표현에 관심을 기울여야 한다. 줄어질 뿐만 아니라 전달하고자 내용이 부정하는 것이기 때문이다.

1. It doesn't fit.

2. They won't lend us any more money.

3. I couldn't hear what they were saying.

4. I don't want to go anyplace where it's below 70 degrees.

5. There wasn't a lot of traffic until after they improved the roads.

그리고 영어글에서 도우미동사(조동사)+have+과거분사(past principle)의 경우—주로 과거에 일어난 그 무엇에 대해 시기적으로 너무 늦어 상대방의 과거의 행위에 대해 충고가 별 도움이 되지 않을 경우—처럼 겉으로 보기에 세 가지 요소가 나열되어 있다할지라도, 한 박자에 맞추어야 하기 때문에 'have'를 "ve'로 줄여서 약하게 발음해야 된다. 예를 들면, could have seen은 could've seen로, must have taken은 must've taken로, might have been은 might've been로, ought to have known는 ought to've known로, 그리고 should have listened는 should've listened 등으로 소리를 내야 한다.

1. You must have met my older brother.

   (= You must've met my older brother.)

2. He could have said that, I don't remember.

   (= He could've said that, I don't remember.)

3. You ought to have listened to her the first time.

   (You ought to've listened to her the first time.)

4. You should have taken an aspirin when the headache started.

   (= You should've taken an aspirin when the headache started.)

5. I might have gotten here on time, if the bus hadn't been late.

   (= I might've gotten here on time, if the bus hadn't been late.)

6. I would have been three years old when the earthquake occurred.

(=I would've been three years old when the earthquake occurred.

7.

A: What do you think we should have done?

B: We should have started this presentation earlier.

A: We ought to have started this last week.

I. 다음 영문을 큰소리로 높고 낮게 노래하고 춤을 추듯이 소리를 내어 읽어 보세요.

1. I'll be there.

2. Sure, I'd love to.

3. How're you doing?

4. You shouldn't work so hard.

5. Just get a large one 'cause I'm really hungry.

II. 다음 대화문을 상황에 맞게 감정을 넣어 소리를 내어 읽어 보세요.

1.

A: Who will you meet in New York?

B: I'll see the director and her assistant.

2.

A: I'm sorry I spilled coffee on your rug.

B: That's OK. Don't worry about it.

3.

A: How about this? Do you think it'll look good on me?

B: I don't think so. The pattern's not right. And the color's awful.

A: OK. Let's keep looking.

III. 다음 대화문을 상황에 맞게 감정을 넣어 소리를 내어 읽어 보세요.

1.

A: I'd like a single room, please.

B: Yes, do you have a reservation, sir?

A: No, I don't.

B: All right. Just a moment please.

(Developing Tactics for Listening, T/B, p. 106)

2.

A: What do you want to do tonight? Do you want to watch a video?

B: Not really. I don't like to stay home on Friday nights. It's boring.

A: Well, how about a concert?

B: A concert? What kind of music?

A: Let's see . . . There's a reggae band at The Super Club.

B: I don't know. The Super Club is always crowded and smoky.

A: Well, there's a jazz concert at Jack's Place.

B: That sounds fun, but I'm broke.

A: That's OK. It's on me.

B: In that case I'll have to ask you for a deposit.

A: That's fine.

* 여기서 I'm broke.는 I don't have any money.란 뜻이다. It's on me.는 I will pay.라는 뜻이다.

◒ Translate the following sentences into English and Korean.

1. I'll pick you up at 7 o'clock.
2. I'll be ready in a couple of minutes.
3. I'd like to make a reservation for two for dinner at eight, and we'll stay for the 9 o'clock show.
4. 여기 나의 영수증이 있습니다.
5. 내가 나중에 다시 전화를 걸게

〈Answers〉

1. 내가 너를 일곱 시에 차로 데리러 갈게.
2. 저는 이내지 삼 분 후에 준비가 될 겁니다.
3. 저는 저녁식사로 여덟 시에 두 명을 예약하고 싶습니다. 그리고 아홉 시 쇼를 보기 위해 계속 머무를 것입니다.
4. Here's my receipt.
5. I'll call you back later.

5 약한 소리: 약음화

세상에 잘 난 사람만 있다면 그렇지 못한 사람은 살맛이 나지 않을 것이다. 길을 가다 보면 얼굴이 예쁘고 키가 큰 사람이나 덩치가 큰 사람이 먼저 눈에 띈다. 그와 마찬가지로 하나의 영어글에서도 내용을 파악하려고 할 때 먼저 귀에 크게 들리는 것이 있고, 한 번에 귀에 약하게 들리는 것이 있다. 이것은 소리의 크기로 나타나는데, 뜻을 파악하는데 우선 중요한 낱말은 큰 소리로 들린다. 그런데 뜻을 파악하는데 중요한 역할을 하지 못하는 낱말은 작은 소리로 들리거나 거의 들리지 않는다. 영어의 특징이 그런것일진대 우리인들 어절 도리가 없다. 뜻을 파악하는데 중요한 낱말은 큰 소리로 들리거나 강하게 들리고 또한 듣는 사람에게 길게 느껴진다. 그것을 내용 낱말(내용어〈內容 語〉; content words)라고 불린다. 내용 낱말에는 명사, 동사, 형용사, 부사, 지시대명사, 부정사, 부정어 및 의문사 등이 있다. 그렇지만 메시지를 전달하는데 필요한 요소 이긴 하지만, 뜻을 파악하는데 중요한 낱말이 아닌 낱말을 기능 낱말(기능어〈機能語〉; function words)라고 불린다. 이것은 약하고 낮게 들리면서 또한 듣는 사람에게 짧게 느껴진다. 기능어에는 조동사와 Be 동사, 관사, 전치사, 접속사 및 인칭대명사 등이 있다.

영어 낱말이 낮고 약하게 들리면서 짧게 느껴지는 것을 약한 소리나 약하게 소리내기 즉, 약음화(弱音化; weakening; weak forms)라고 한다. 모음이 약하고 짧게 소리가 나는 경우에는 주로 [ə]와 같이 발음한다. [ə]는 글 안에서 매우 약하고 짧게 발음되기 때문에, 우리가 이 소리를 듣는데 어려움이 뒤따른다.

일반적으로 한 개의 글에서 시작 부분은 대개 약한 음으로 된 낱말로 시작되고, 그 다음 강한 음으로 된 낱말, 그리고 그 다음 약한 음으로 된 낱말로 이어지는 것이 많다. 글의 구성 요소가 세 부분으로 완성되는 경우, '(약한 음)→(강한 음) → (약한 음) → (강한 음) → (약한 음) → (강한 음)'과 같이 되는 것이 일반적이다. 이것을 그림으로 그려보면 다음과 같다.

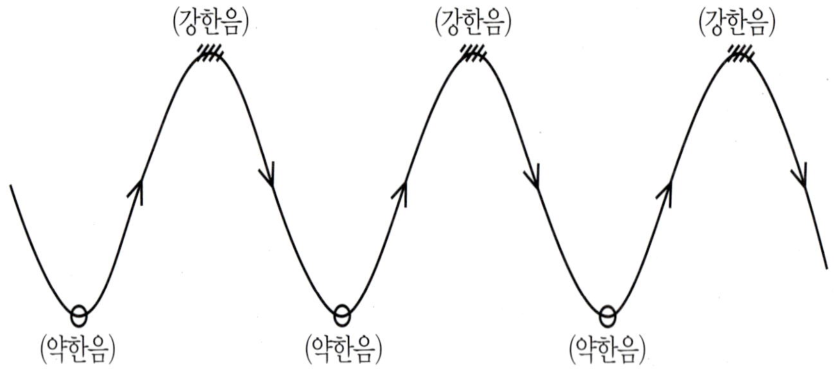

그러나 다음과 같은 경우의 전치사는 약하게 소리를 내지 않고 강하게 소리를 낸다.

A: What are you working on?

B: I'm writing an essay for Spanish class.

A: What day do you have off?

B: I have Friday off.

A: Who do you exercise with?

B: I usually exercise alone.

A: Who do you usually go fishing with?

B: I usually go with friends.

그리고 영어글에서 도우미동사(조동사)+have+과거분사(past principle)의 경우처럼 겉으로 보기에 세 가지 요소가 나열되어 있다할지라도, 한 박자에 맞추어야 하기 때문에 'have'를 "ve'로 약하게 발음해야 된다. 예를 들면, could have seen

은 could've seen로, must have taken은 must've taken로, might have been은 might've been로, ought to have known는 ought to've known로 그리고 should have listened는 should've listened 등으로 소리를 내야 한다.

They might have seen us.

(= They might've seen us.)

You ought to have asked John to help.

(= You ought to've asked John to help.)

I should have known that would happen.

(= I should've known that would happen.)

I could have prevented that, but I didn't.

(= I could've prevented that, but I didn't.)

If I had seen the advertisement in time I would have applied for the job.

(=If I had seen the advertisement in time I would've applied for the job.)

I. 다음 영문을 큰소리로 높고 낮게 노래하고 춤을 추듯이 소리를 내어 읽어 보세요.

1. You can use my phone card.
2. What do you do after school?
3. Could you call him right now?
4. It's raining cats and dogs again.
5. They're on the sofa, on the right.

II. 다음 대화문을 상황에 맞게 감정을 넣어 소리를 내어 읽어 보세요.

1.

A: Did you like the soup?

B: Yes I did. I think I'll order another bowl.

2.

A: What did you think of the pasta?

B: Not bad, but I've tasted better.

3.

A: Do you still have a sore throat, Ted?

B: Yes, I do. And now I have a fever and a headache too.

A: Oh, that's too bad.

III. 다음 대화문을 상황에 맞게 감정을 넣어 소리를 내어 읽어 보세요.

1.

A: What's that new Indian restaurant on King Street like?

B: Oh, I was kind of disappointed.

A: Really?

B: Yeah, there wasn't a single new dish on the menu. And I'm so sick of curry and rice.

2.

At the Cafe

A: I'd like a sandwich and coffee.

B: Do you want everything on the sandwich?

A: What's everything?

B: Mustard, mayonnaise, lettuce, tomatoes, and pickles.

A: Everything but the mayonnaise.

B: Cream and sugar with your coffee?

A: No, I like it black. Black and hot.

◒ Translate the following sentences into English and Korean.

1. What time is the next shuttle flight to New York?
2. I went to a great outdoor concert and met some really interesting people.
3. The salary wasn't very good but the people I worked with were really friendly.
4. 저는 시골에 집 한 채를 임대했습니다.
5. 글쎄요, 당신과 이야기를 나누게 되어 좋았습니다.

〈Answers〉

1. 뉴욕으로 가는 다음 왕복 비행기는 몇 시에 있습니까?
2. 저는 대형 야외 콘서트에 가서 정말로 재미있는 몇몇 사람들을 만났습니다.
3. 봉급은 아주 좋지 않았지만 저와 함께 일을 하는 사람들은 정말로 마음에 들었습니다.
4. I rented a house in the country.
5. Well, it's been nice talking to you.

6 기타 주의해야 할 소리

눈으로 보는 영어 즉, 인쇄된 영어와 듣고 말하는 영어의 차이에서 자주 등장하는것은 아니지만, 우리가 관심을 갖고 주의를 기울여 살펴보아야 할 발음들이 있다. 여기에서 'tr~'과 'dr~', 'can'과 'can't', wh~', 'have to(had to)', 'used to', 'wanna', 'gonna', 'tryna' 및 'numbers' 등이 있다.

1) tr~ and dr~ 소리의 경우

(1) 'tr~' 발음의 경우

'tr~'의 발음은 '츠'와 '추'의 중간 소리이다. 아마도 'tr~'은 두 자음이 이어져 나오기 때문에 발음을 하려다 보면 't'와 'r'의 거리가 상당히 멀리 떨어져 있기 때문에, 그 두 소리의 중간 발음을 하려고 하는 경향이 있을 것이다. 이런 예는 다음과 같다.

contract, contractor, trace, track, trade, traffic, train, training, travel, treat, tree, trend, triangle, trip, trouble, truck, true, trumpet, try, waitress 등.

I. 다음 영문을 큰소리로 높고 낮게 노래하고 춤을 추듯이 소리를 내어 읽어 보세요.

1. We went on a trip to the mountains.
2. Some women see marriage as a trap.
3. They followed a path through the trees.
4. The film studio is transferring to Hollywood.
5. Her books have been translated into 24 languages.

II. 다음 대화문을 상황에 맞게 감정을 넣어 소리를 내어 읽어 보세요.

1.

A: Did you like the fish?

B: Yes, it was delicious. You should try it next time.

2.

A: Have you tried the coffee from the vending machine?

B: No. Michael told me it was horrible.

3.

A: Could I borrow your truck this weekend?

B: Sure. What do you need it for?

A: I'm giving my sister my old couch, but it's not worth paying someone to move it.

III. 다음 대화문을 상황에 맞게 감정을 넣어 소리를 내어 읽어 보세요.

1.

A: Do you travel a lot?

B: Oh, sure.

A: Which do you prefer—traveling by train or by plane?

B: Well, the thing I like about a train is it's so comfortable. You can get up and walk around. A plane is faster, sure, but getting to the airport can take hours, and it's such a hassle.

2.

A: How do you like this sweater?

B: Hmm ... I don't like it very much. I don't like the color.

A: OK. Well, how about this one?

B: Yes, it's great. How much is it?

A: It's 15 dollars!

B: Fifty dollars!

A: No, 15.

B: Fifteen. That's not bad.

A: Excuse me, please. I'd like to try this on.

B: Certainly. The changing room is over there.

A: Thank you.

◒ Translate the following sentences into English and Korean.

1. The trial was held in camera.

2. There's a lot of traffic at this time of day.

3. They are on the verge of signing a new contract.

4. 그렇게 빨리 몰지[달리지] 마!

5. 나는 기차를 타고 여행하는[다니는] 것을 좋아한다.

〈Answers〉

1. 그 재판은 비공개로 열렸다.

* in camera는 '(법률) 비공개로'라는 뜻이다.

2. 하루 중 이 시간[때]에는 항상 교통량이 많다.

3. 그들은 새로운 계약서에 서명을 하기 직전에 있다.

4. Don't drive so fast!

5. I love travelling by train.

(2) 'dr~' 발음의 경우

'dr~'의 발음은 '드'와 '주'의 중간 소리로 '쥬'에 가깝게 내면 된다. 아마도 'dr~'은 두 자음이 이어져 나오기 때문에 발음을 하려다 보면 'd'와 'r'의 거리가 상당히 떨어져 있기 때문에, 그 두 소리의 중간 발음을 하려고 하는 경향이 있을 것이다. 이런 예는 다음과 같다.

draft, drain, dramatic, dream, dress, dressing, drink, drive, drop, drug, drum, dry 등.

I. 다음 영문을 큰소리로 높고 낮게 노래하고 춤을 추듯이 소리를 내어 읽어 보세요.

1. You draw beautifully.
2. They went for a drink.
3. Store onions in a cold dry place.
4. I studied English and Drama at college.
5. I drove to the hospital at ninety miles an hour.

II. 다음 대화문을 상황에 맞게 감정을 넣어 소리를 내어 읽어 보세요.

1.

A: Your sales are doing well, aren't they?

B: No, in fact, they're dropping.

2.

A: I think women are much better drivers than men.

B: I'll say. They don't get as impatient as men when they drive.

3.

A: Do you think your Dad has an easier life?

B: Well, I don't know. He has to drive over 500 miles a week.

A: Wow, that is a lot.

III. 다음 대화문을 상황에 맞게 감정을 넣어 소리를 내어 읽어 보세요.

1.

A: Hi, Pable. What's new?

B: Well, I'm going to start at a new high school this fall.

A: Which one?

B: Boulton Academy. It's a boarding school. It's a five-hour drive from my parents' house.

A: Does boarding school mean you live there? On campus?

B: Exactly.

A: That sounds awesome!

B: Yeah. I think it's going to be cool.

2.

A: Oh, I'm late again. Where are my car keys?

B: Are they in the drawer?

A: No, they're not.

B: Oh, I know. They're in the bedroom, on the dresser.

A: Great. Now where is my bag?

B: There, on the sofa next to the pillow.

A: Good. Oh, but where are my glasses?

B: You're wearing them!

A: You're right!

◒ Translate the following sentences into English and Korean.

1. Be careful not to drop that plate.
2. I dragged the chair over to the window.
3. She dressed the children in their best clothes.
4. 이백 달러를 인출하고 싶어요.
5. 그의 평생의 꿈은 유명한 작가가 되는 것이었다.

〈Answers〉

1. 그 접시 떨어뜨리지 않게 조심해.
2. 나는 창 쪽으로 의지를 끌고 갔다.
3. 그녀는 아이들에게 가장 좋은 옷을 입혔다.
4. I'd like to withdraw $200 please.
5. His lifelong dream was to be a famous writer.

2) wh– 소리의 경우

'wh~'로 시작하는 영어 발음은 우리가 실제 알고 있는 것과 다르게 들립니다. 'wh~'로 시작되는 낱말은 보통 'h'의 소리가 거의 들리지 않는다. 그러니까 'where'의 발음은 '훼어'로 들린다기 보다 '웨어'에 가깝게 들린다는 뜻이다. 여기에 해당되는 것으로 'where' 뿐만 아니라 'what', 'why', 'when'과 'which'가 이것에 해당된다.

white, whistle, 등.

The white one is thirty-five dollars. 등.

그리고 일반 낱말 가운데서 h의 소리가 나지 않는 경우도 있다. 예를 들면 honor[honour], hour, honest 등이다.

그런데 사람과 관련된 'who', 'whose', 'whom'은 예외로 'h'의 소리가 나서, '후'라는 소리가 제대로 나는 점을 기억해야 된다. 예는 다음과 같다.

Who's taking the minutes?

Who is that good-looking guy? 등.

I. 다음 영문을 큰소리로 높고 낮게 노래하고 춤을 추듯이 소리를 내어 읽어 보세요.

1. Why did he say he was late?
2. Which station do you prefer?
3. When did they cancel the order?
4. Excuse me. Where are the stairs?
5. What seems to be the problem, sir?

II. 다음 대화문을 상황에 맞게 감정을 넣어 소리를 내어 읽어 보세요.

1.

A: What did you send to John?

B: I sent him a copy of the report.

2.

A: When are you leaving for the meeting?

B: In about twenty minutes.

3.

A: Gloria, what's wrong? Didn't you have a nine o'clock appointment with Mr. John?

B: I did, but my car broke down, so I had to wait for a tow truck to come.

A: I'm sure you can reschedule.

III. 다음 대화문을 상황에 맞게 감정을 넣어 소리를 내어 읽어 보세요.

1.

A: How much are they?

B: Let's see. The white one is thirty-five dollars.

A: Thirty-five?

B: That's right. Thirty-five dollars. The other one is ... I think it's thirty-seven. Let me check. That's right. The gray one is thirty-seven dollars.

A: Thirty-five dollars and thirty-seven dollars. Hmm.

2.

A: May I help you?

B: Yeah. I'm looking for a sweater.

A: What size?

B: I'm not sure. Medium, I think.

A: Here's a nice one.

B: Hm. Do you have any that are cheaper?

A: What about this one?

B: How much is it?

A: It's 80 dollars.

B: Did you say eighteen or eighty?

◒ Translate the following sentences into English and Korean.

1. Who came first in the race?

2. When you are in another culture, try to follow its customs.

3. Do you remember what time dinner was supposed to start?

4. 너 어디 있니?

5. 너 언제 여기에 도착했어?

〈Answers〉

1. 그 경주에서 누가 맨 먼저 들어 왔니?

2. 당신이 다른 문화권에 있을 때, 그 관습을 따르려고 노력하세요.

3. 저녁식사가 몇 시에 시작하기로 되어 있는지 당신은 기억하고 있습니까?

4. Where are you?

5. When did you get here?

3) can과 can't의 경우

'can'과 'can't'는 구별하여 소리를 내야 된다. 일반적으로 'can'이나 'can't'는 기능 낱말(기능어)이기 때문에 약하게 발음한다. 그런데 'can'이 문장의 끝에 오는 경우에는 [kæn]으로 발음하고, 문장의 중간에 들어가는 경우에는 [kən]과 같이 약하게 소리가 난다. 그리고 'can't'의 뒤에 낱말이 오는 경우, 't'가 자음과 자음 사이에 끼이기 때문에 탈락하게 된다. 따라서 'can'과 구별하기 위해 'can't'는 [kæn]으로 발음하거나 [kænt]로 발음된다. 일반적으로 'can'은 약간 짧게 발음되고, 'can't'는 약간 길게 발음되는 경향이 있다.

A: Can you do this?
B: Of course.

A: Can't you do this?
B: No, I can't.

A: When can you come?

A: When can't you come?

B: Right away.

A: We can leave now.

B: Good, I'll get my things.

B: When I'm too busy.

A: We can't leave now.

B: All right, we'll wait.

I. 다음 영문을 큰소리로 높고 낮게 노래하고 춤을 추듯이 소리를 내어 읽어 보세요.

1. You can't cross now.
2. Can I borrow your calculator?
3. How can I get this chair fixed?
4. I can't finish the report by Friday.
5. This is a busy period and I can't afford to be short-staffed.

II. 다음 대화문을 상황에 맞게 감정을 넣어 소리를 내어 읽어 보세요.

1.

A: I hope you can come to the party tonight.

B: Sure I can. I'll be there at nine.

2.

A: Do you want to have lunch together today?

B: I can't. I'm meeting my boss for lunch at 12:30.

3.

A: Can you tell me the time, please?

B: Yeah, it's eight-thirty.

A: Thanks a lot.

III. 다음 대화문을 상황에 맞게 감정을 넣어 소리를 내어 읽어 보세요.

1.

A: Excuse me. I've lost my little girl.

B: Can you describe her?

A: Yes, she's six and a half years old. Really cute.

B: And what color is her hair?

A: Dark brown.

B: OK. Let's see where she is. Just sit down and relax.

2.

A: Can I borrow your phone to call my boss?

B: I can't believe you still don't have a cell phone. Here you go.

A: Thanks. Now, what do I need to do?

B: First of all, be sure to turn it on. And don't forget to dial the area code.

A: OK, I can see the number, but I can't here anything.

B: That's because you haven't pressed the "call" button.

A: Oh, good. It's ringing.

B: Try not to get too excited. You'll probably get his voice mail.

A: You're right. It's a recording.

B: Make sure to hit the "end" button or else you'll leave our conversation on his voice mail.

◒ Translate the following sentences into English and Korean.

1. We can't make ends meet.

2. You can pay with a credit card here.

3. I can't wait to hear about your new boyfriend.

4. 나는 너에게 5달러를 빌려줄 수 있어.

5. 당신이 원한다면 우리와 함께 갈 수 있어요.

〈Answers〉

1. 우리는 수지를 맞출 수 없습니다.

2. 당신은 여기에서 신용카드로 지불할 수 있습니다.

3. 난 너에게 새로 생긴 남자 친구에 관해 몹시 듣고 싶어.

4. I can lend you five dollars.

5. You can come with us if you want.

4) have to, has to와 had to의 경우

'have to'는 '~해야 한다'는 뜻으로, 발음은 [hæftə]로 하고, 과거형인 'had to'는 [hætə]로 발음해야 된다. 특히 'had to'의 최종 발음은 'd'와 't'가 비슷한 소리이기 때 문에 앞의 'd'가 탈락되어 뒤의 't'만 발음된다. 또한 'has to'의 경우에는 [hæstə]로 발음이 된다.

One of them had to leave.

When do you have to let them know?

She has to do her homework tonight. 등.

그런데 부정의 형태가 되면 '~할 필요가 없다'라는 뜻으로 바뀐다.

You don't have to sing.

You don't have to tell me.

I don't have to do something.

(=It is not necessary to do it.)

You don't have to look for parking.

They don't have to go to class on Friday. 등.

그리고 'have to'나 'has to'와 같은 뜻으로 구어체에서 자주 쓰이는 것은 'have

got to'와 'has got to'이다.

He's got to be joking.

We've got to get serious.

You've got to have dreams.

I've got to get busy tonight.

We've got to study hard for tomorrow's test. 등.

I. 다음 영문을 큰소리로 높고 낮게 노래하고 춤을 추듯이 소리를 내어 읽어 보세요.

1. Do you have to go?
2. Did she have to pay a fine?
3. You simply have to get a new job.
4. I have to admit, the idea of marriage scares me.
5. There has to be a reason for his strange behavior.

II. 다음 대화문을 상황에 맞게 감정을 넣어 소리를 내어 읽어 보세요.

1.

A: How's your backache? Is it still bothering you?

B: I'm afraid so. Now I can't move. I'll have to see a doctor I think.

2.

A: How did you enjoy the movie?

B: Oh, it's fantastic. You've got to see it. It's one of the best I've seen in a long time.

3.

A: I'm going to the park with some friends for a barbecue on Sunday. Would you like to join us?

B: Thanks, but unfortunately I have to take my sister to the airport on Sunday.

A: Oh well, maybe next time then.

III. 다음 대화문을 상황에 맞게 감정을 넣어 소리를 내어 읽어 보세요.

1.

A: Does it come with accident insurance?

B: No, you have to pay extra for insurance. It's optional.

A: Well, how much is it?

B: Fourteen dollars a day.

A: Fourteen? You must be joking.

2.

A: How can I get downtown from here?

B: You can take a taxi, a bus, or a local train.

A: How often do the buses run?

B: Every two hours, between 10 AM and 5 PM.

A: How long does it take?

B: About 45 minutes.

A: How much does it cost?

B: Four-fifty.

A: Is that one-way or round-trip?

B: One-way.

A: Do I have to change buses?

B: No, you don't.

A: When's the next bus?

B: At 2:47

A: It's 2:45 now! When's the next one after that?

◒ Translate the following sentences into English and Korean.

1. I want to work too, but I have to get out of school first.
2. Sam is often away from home. He has to travel a lot in his job.
3. When I was younger I used to read but I never had time for sports.
4. 난 입원해야 한다.
5. 나는 10분 후에 직장에 도착해야 한다.

〈Answers〉

1. 저 또한 일을 하고 싶으나, 먼저 학교를 나와야 합니다.
2. 샘은 종종 집을 떠나 있다. 그는 직업상 여행을 다녀야 한다.
3. 내가 젊었을 때, 나는 독서를 하곤 했지만 스포츠를 할수 있는 시간은 결코 갖지 못했다.
4. I have to go to the hospital.
5. I have to be at work in 10 minutes.

5) used to의 경우

'used to~'는 '~하곤 했다'라는 뜻으로, 발음은 [justə]로 한다. 이것은 사람의 어떤 행위가 과거에 규칙적으로 이루어진 반복적인 어떤 것을 말하는데, 지금은 더 이상 하지 않는 행위나 상황을 말하거나 변한 과거의 상태에 관해 이야기할 때 쓰인다. 'used to' 다음에는 단순 동사가 뒤따른다. 이것은 과거에는 옳았던 그 무엇이 이제 더 이상 옳지 않음을 뜻한다. 예를 들면, 'He used to like going to pop concerts when heI was a teenager.'의 의미는 'He don't like going to pop concerts now.'이다.

I used to sew quite a bit.

We used to play in the garden.

She never used to open her mouth.

'used to~'의 의문문 형태는 'did 주어 use to~'이다.

Did you use to live in a big house?

Did your parents use to argue often?

Did you use to travel around the world?

A: Did he use to have long hair?

B: Yes, he used to have long hair.

A: Did you use to study every night?

B: Yes, I did.

그리고 'used to~'의 부정문 형태는 부정문에서는 'didn't use to~'이다.

I didn't use to study.

He did not use to work.

Didn't he use to live in New York?

I. 다음 영문을 큰소리로 높고 낮게 노래하고 춤을 추듯이 소리를 내어 읽어 보세요.

1. She used to cook every day.
2. The factory used to be over there.
3. I admit I can't see as well as I used to.
4. I never used to play sports, but now I like to keep fit.

5. Whenever we went to my uncle's house, we used to play in the garden.

II. 다음 대화문을 상황에 맞게 감정을 넣어 소리를 내어 읽어 보세요.

1.

A: What sports did you use to play?

B: I never used to play sports, but now I play tennis.

2.

A: I didn't use to know anything about computers.

B: I know what you mean. I used to avoid them. Now I can't live without them.

3.

A: What made you change your mind?

B: Well, it was when I tried vegetarian food. Before that, I used to cook really boring things, but vegetarian food was so much fun to cook.

A: I still can't believe it!

III. 다음 대화문을 상황에 맞게 감정을 넣어 소리를 내어 읽어 보세요.

1.

A: Oh, wait up! Look at those cakes! I'm going to get one. Do you want one, too?

B: Mmm, they look really good! Oh, look, they have cookies, too. I love the smell of freshly baked cookies. Whenever I smell cookies, I always think about going to my grandmother's house. She used to make these cookies, and we used to go there every Saturday afternoon when I was a kid. I can still remember how they smelled—they were fresh from the oven. Oh, if they have any chocolate chip cookies, we have to get those, too.

A: OK. Let's go in and find out if they have any of those . . .

2.

A: I hate writing term papers! It takes forever!

B: You're lucky, Jane. When I was young . . .

A: Oh, I've heard this story before.

B: Well, when I was young, we didn't have computers. We used to write our papers on typewriters.

A: Oh, really? That sounds difficult!

B: It was, especially because I made a lot of mistakes.

A: Did it take a long time?

B: Yes. Computers are so much faster and easier to use.

◒ Translate the following sentences into English and Korean.

1. All I know is that she used to work in a bank.
2. Am I right in thinking that you used to live here?
3. I used to love her but she's nothing to me any more.
4. 예전에는 내가 토요일마다 거기에 가곤 했다.
5. 옛날에는 사람들이 지구가 평평하다고 믿었다.

〈Answers〉

1. 내가 아는 것이라곤 그녀가 예전에는 은행에서 일을 했다는 것뿐이다.
2. 당신이 예전에 여기에 살았었다는 게 생각이 맞나요?
3. 내가 한때는 그녀를 사랑했지만 이제 더 이상은 내게 아무 의미가 없다.
4. I used to go there every Saturday.

5. People used to believe (that) the earth was flat.

6) 허물없이 발음하는 경우

허물없이 발음하는 몇 가지 경우에 세 가지가 있다. 이것은 'going to'를 'gonna'로, 'want to'를 'wanna'로, 'trying to'를 'tryna'로 발음하는 경우이다. 이 가운데 'gonna'와 'wanna'는 구어영어에서 자주 사용되지만, 'tryna'는 생각만큼 그렇게 자주 사용되고 있지 않다. 그렇지만 'tryna'도 다른 두 가지와 마찬가지로 같은 현상이기 때문에 함께 익혀 놓으면 도움이 될 것이다. wanna, gonna, tryna는 비슷한 음변화 과정을 통해 음의 변화가 일어난다. 어떤 경우에는 이런 현상을 묶어서 reduced된다고 말하기도 한다.

(1) wanna의 경우

wanna는 want to가 음의 변화를 통해 미국영어에서 대부분의 사람들이 사용하 고 있는 것이다. want to에서 want의 t가 뒤에 있는 to의 t와 같은 철자이기 때문에 없어지게 되고(wan), to의 t가 앞에 있는 wan에서 콧소리인 n을 닮아 n으로 되고 o는 약모음인 [ə]로 되는데, 약모음 [ə]가 표시하는데 불편해서 a로 해 놓은 것으로 볼 수 있다. 따라서 want to는 wanna로 된 것이다. 이 변화 과정은 want to→wan to→wan nə→wannə→wanna이다. 이 현상은 'going to'가 'gonna'로 되고, 'trying to'가 'tryna'로 되는 것과 같다. 일반적으로 구어체에서는 'want to'로 표기되어 있어서, 실제 발음을 할 때는 대부분 'wanna'로 발음한다.

그런데 'want to'가 늘 이런 식으로 발음되는 것은 아니고, 'want to'가 'wan tə'로 발음되어 '완터'에 가깝게 발음되는 경우도 많다. 두 가지 발음을 한 번만 익혀두게 되면 혼란은 일어나지 않을 것이다.

I want to win both prizes. → I wanna win both prizes.

* 그런데 삼인칭인 he나 she인 경우에는 이런 현상이 되지 않는다.

He wants to win both prizes. → He wanna win both prizes.(X)

I don't wanna send the money.

Wanna play with me and my friends tonight?

I. 다음 영문을 큰소리로 높고 낮게 노래하고 춤을 추듯이 소리를 내어 읽어 보세요.

1. Do you want to go with me?
2. What does the woman want to do?
3. I want to stay in and watch TV tonight.
4. They don't want to eat lots of fatty food.
5. You may want to know how job performance is evaluated.

II. 다음 대화문을 상황에 맞게 감정을 넣어 소리를 내어 읽어 보세요.

1.

A: Do you wanna get a prize?

B: Yes, I wanna get a prize.

2.

A: What do you wanna do tonight?

B: I don't want to stay home. Let's see a movie.

3.

A: If you're done reading the newspaper, I'll throw it out.

B: No, wait. I want to recycle it.

A: Recycle the newspaper? That's a good idea.

III. 다음 대화문을 상황에 맞게 감정을 넣어 소리를 내어 읽어 보세요.

1.

A: What's the weather going to be like on Saturday?

B: Hot and sunny.

A: Oh, good, so let's go then. It'll be perfect for swimming.

B: Yeah. But I just want to lie on the sand and sleep.

2.

A: Are you calling the movie theater?

B: Uh-huh. Why, what's wrong? Don'tch wanna go to the movies tonight?

A: To tell the truth, I'm pretty tired. But we can go to an early show. D'ya know whatcha wanna see?

B: Not really. I'll letcha choose. *Terminator* III is playing at 8:00 and James Bond is at 10:00.

A: Let's see *Terminator*. I'm tired now and by 10 o'clock I'm gonna be dead.

◒ Translate the following sentences into English and Korean.

1. I want to get something portable this time.
2. Cindy and Jack wanna rent a bigger apartment.
3. I want get a present for Hazel. It's her birthday, you know.
4. 저는 정말로 변하고 싶습니다.
5. 그것들은 한 번 입어보시겠습니까?

〈Answers〉

1. 저는 이번에 휴대할 수 있는 어떤 것을 갖고 싶습니다.
2. 신디와 잭은 더 큰 아파트를 빌리고 싶어합니다.

3. 저는 헤이즐에게 줄 선물을 사고 싶습니다. 당신도 알다시피 그녀의 생일이기 때문입니다.
4. I really want to change.
5. Do you want to try them on?

(2) gonna의 경우

'going to'가 'gonna'로 되는 현상은 허물없이 발음하는 경우이다. 이 변화 과정은 going to→goin' to→goin' nə→gonnə→gonna이다. 이 현상은 'want to'가 'wanna'로 되고, 'trying to'가 'tryna'로 되는 것과 같다.

이것은 'going to'에서 'going'의 'ing'은 발음상 하기 힘들기 때문에 줄여서 'in" 으로 하여 'g'를 발음하지 않는다. 그리고 'to'의 't'는 앞 'goin"의 'n'과 만나면 콧소리 'n'을 닮아 비음화(콧소리되기)되기 때문에 'n'으로 된다. 그 다음 'goin' nə'는 발음상 불편하기 때문에 'gonne'로 발음된다. 그리고 마지막 'gonne'에서 'e'는 일반적으로 표기하는데 불편하기 때문에 그냥 표기하기 좋은 'a'로 남겨둔 것이다. 일반적으로 구어체에서는 'going to'로 표기되어 있어서, 실제 발음을 할 때는 'gonna'로 발음된다.

그렇다고 반드시 'going to'를 'gonna'로 발음하는 것은 아니고, 'going to' 그대로 발음하는 경우도 자주 있다. 학습자가 두 가지 발음을 한 번만 제대로 익혀두면 혼란스럽지 않을 것이다.

I'm going to go to the post office.→I'm gonna go to the post office.

I'm going to the post office.→I'm gonna the post office.(X)

I'm gonna call the cops.

I'm going to ask my husband which one he wants!

Well, today I'm going to teach you some tips on how to do that.

I. 다음 영문을 큰소리로 높고 낮게 노래하고 춤을 추듯이 소리를 내어 읽어 보세요.

1. He's gonna be twelve.
2. I'm going to go after work.
3. Are you going to wait for Mark?
4. She's going to go away next summer.
5. I'm tired now and by 10 o'clock I'm gonna be dead.

II. 다음 대화문을 상황에 맞게 감정을 넣어 소리를 내어 읽어 보세요.

1.

A: Are you going to travel?

B: No, I'm not going to.

2.

A: What are you going to order?

B: I think I'll have the fish.

3.

A: After the class, Joe is going to take up jogging.

B: Why is he going to do that?

A: He wants to get in shape.

III. 다음 대화문을 상황에 맞게 감정을 넣어 소리를 내어 읽어 보세요.

1.

A: What are you going to do next year?

B: I'm going to get a job.

A: Why?

B: I need to make some money. What are you going to do?

A: I'm going to go on vacation.

2.

A: Are you going to play baseball on Saturday, Jessica?

B: No, I need some new sneakers. I'm going downtown to look for some. I also need a new tennis racket.

A: So you're good at baseball *and* tennis? Fantastic! And you're only 18.

B: I also play volleyball.

A: Wow! Are you the tallest person on the team?

B: No, I'm 181 cm, but Jane is 188 cm.

◒ Translate the following sentences into English and Korean.

1. I think we're going to have a big test tomorrow.
2. We are going to collect some money at work to send her flowers.
3. I'm going to ask you to try to cut down on beer and wine with your means.
4. 당신은 무엇을 주문하려고 합니까?
5. 그녀가 아기를 낳을[출산을 할] 것이다.

〈Answers〉

1. 우리는 내일 중요한 시험을 치를 것이라고 저는 생각합니다.
2. 우리는 그녀에게 꽃들을 보내주기 위해 직장에서 약간의 돈을 모으려고 합니다.

3. 저는 당신에게 당신의 방식으로 맥주의 양을 줄이려고 노력하기를 부탁하려고 합니다.
4. What are you going to order?
5. She's going to have a baby.

(3) tryna의 경우

'tryna'는 'trying to'가 격식을 차리지 않고 구어체에서 사용되는 것이다. 'trying to'가 'tryna'로 되는 변화 과정은 trying to→tryin' to→tryin' nə→trynna→tryna이다. 이 현상은 'want to'가 'wanna'로 되고, 'going to'가 'gonna'로 되는 것과 같다.

이것은 'trying to'에서 'trying'의 'ing'은 발음상 하기 힘들기 때문에 줄여서 'in"으로 하여 'g'를 발음하지 않는다. 그리고 'to'의 't'는 앞 'tryin"의 'n'과 만나면 콧소리 'n'을 닮아 비음화(콧소리되기)되기 때문에 'n'으로 된다. 그 다음 'tryin' nə'는 발음상 불편하기 때문에 'trynna'로 발음된다. 그리고 마지막 'trynna'에서 'n'이 겹치기 때문에 앞의 'n'이 탈락되어 'tryna'로 된다. 아마도 이것을 발음하는데 자연스럽게 하기 위해 tryna로 한 것으로 생각해 볼 수 있다.

이런 현상('tryna')도 'wanna'와 'gonna'와 같이 허물없이 하는 발음에 해당되지만, 'wanna'나 'gonna'의 경우와는 비교가 되지 않을 정도로 영어에서 드물게 나타난다.

그렇다고 'trying to'가 늘 'tryna'로 발음되는 것은 아니다. 글자 그대로 'trying to' 그대로 발음을 하는 경우도 많다. 두 가지 발음을 모두 알아두면 이래저래 이 소리를 듣거나 말할 때 도움이 될 것이다.

그런데 허물없이 하는 발음에 해당되는 tryna에서는 n이 하나이고 wanna나 gonna에서는 n이 두 개로 표기하고 있음에 주의를 기울여야 한다.

The government is trying to raise the level of education.

The school is trying to raise funds to buy some new sports equipment.

John said that he was trying to get to London. "That's where I'm going," said the man.

A: How are the merger talks coming along?

B: Slowly. We're still trying to appraise the two firms.

I. 다음 영문을 큰소리로 높고 낮게 노래하고 춤을 추듯이 소리를 내어 읽어 보세요.

1. The man is trying to get a taxi.
2. Well. I'm trying to find a new job.
3. Are you trying to do a British accent?
4. I guess I see what you're trying to say.
5. He walks as if he is trying to imitate Donald Duck.

II. 다음 대화문을 상황에 맞게 감정을 넣어 소리를 내어 읽어 보세요.

1.

A: Could you talk more quietly? I'm trying to work.

B: Oh, I'm sorry.

2.

A: I'm trying to get a seat on the next shuttle flight to London.

B: Well. You're in luck. There's one seat left on the next flight.

3.

A: How lovely! My parents are trying to make me marry a man I don't love.

B: I know. But you don't have to worry. We'll get married. Juliet, I love you very much.

A: So do I, Romeo. Good-bye, I'll see you soon.

III. 다음 대화문을 상황에 맞게 감정을 넣어 소리를 내어 읽어 보세요.

1.

A: Is it true that you are playing electric guitar at the school festival this Friday?

B: Where did you hear about this? I've been trying to keep it a secret from students and other teachers.

A: I heard from your class students that you are a wonderful player. When did you learn guitar?

B: When I was a high school student I was a guitarist at the band.

2.

A: I'm trying to choose a language school and I don't know where to go. Can you give me some advice?

B: I can try. What's important for you?

A: Well, I'd like to go someplace where the weather's nice. I don't like cold winters.

B: Then maybe you should go to California. The weather's terrific and there's a lot to do when you're not studying.

A: Hmm. Do you think I should go to a big school or a small school?

B: I think it's better to go to a big school. At big schools, they usually have more classes and teachers to choose from.

A: Really? Well, that helps. Thanks for your advice.

B: Sure, no problem.

◒ Translate the following sentences into English and Korean.

1. He's trying to get a job in a bank.
2. The marketing team is trying to make a perfect campaign.
3. I'm trying to do what is best, but equally I've got to consider the cost.
4. 그는 잠자리에 들려고 합니다.
5. 저는 전화상으로 물건을 저한테 팔려고 하는 사람들을 싫어합니다.

〈Answers〉

1. 그는 은행에 취직을 하려고 애쓰는 중이다.
2. 마케팅팀은 완벽한 캠페인을 하려고 애쓰고 있다.
3. 전 일이 최대한 잘 되도록 애를 쓰고 있어요. 하지만 동시에 비용도 고려를 해야 해요.
4. He's trying to go to sleep.
5. I object to people trying to sell me things over the telephone.

7) 도우미동사[조동사]의 과거+have+동사의 과거분사

도우미동사+완료형의 경우에는 한 개의 박자를 받아야 하기 때문에 도우미 동사와 have을 줄여서 쓰기도 하고(에를 들면, must've missed), 그대로 두기도 하지만(예를 들면, must have missed) 세 개 각각의 요소를 발음하는 것이 아니라, 줄여서(must've missed) 발음을 한다. 이 가운데 주동사인 missed를 강하게 발음한다. 일반적으로 도우미 동사+완료형은 과거에 어떤 일을 했어야 했는데 하지 못한데 대한 후회나 유감을 나타내는 경우가 대부분이지만, 가정법에서 비현실적인 과거 상황—과거에서 상상할 수 있는 상황이나 일어날지도 모르는 상황—에 관해 이야기할 때 쓰인다. 또한 도우미 동사+have+과거분사는 도우미 동사의 본래의 뜻의 완료형으로도 쓰인다.

이렇게 발음하는 경우는 could/might/must/should/would have+과거분사가 이에 해당된다.

I could have danced all night.

They might have arrested you.

I'm sorry, I must have missed the sign.

She should have stayed up all night to study.

My grandmother wouldn't have approved of the exhibition.

You ought to have gotten a driver's license before driving a car.

I. 다음 영문을 큰소리로 높고 낮게 노래하고 춤을 추듯이 소리를 내어 읽어 보세요.

1. I might have known the truth.
2. He shouldn't have left his baby unattended in the car.
3. My 9:00 class was cancelled so I could have slept late.
4. I would have been happy to see him, but I didn't have time.
5. I'm sorry, I must have missed the sign. Could you suggest a place to park?

II. 다음 담화문과 대화문을 상황에 맞게 감정을 넣어 소리를 내어 읽어 보세요.

1.

A: Okay, question 1, Shakespeare's vocabulary. So what do you think?

B: I've read that the average adult these days has a vocabulary of between 25,000 and 60,000 words.

A: Is that so?

C: So Shakespeare must've had a vocabulary of 37,000 words!

A: Yep. And the answer is ... (pauses to read) Correct – 37,000!

2. There has been a number of theories about who might have written the greatest works of literature in the English language. One offers Francis

Bacon, a highly educated man for his time, but his writings are very different from Shakespeare's. Another theory cites the greatest playwright of the time, Christopher Marlowe, but this seems unlikely as he was assassinated very young and couldn't have written so many works.

3. Eighty! Eighty miles an hour? Come on! I wasn't going eighty. I couldn't have been driving that fast. I must have been driving ... a lot slower than that ... only about sixty miles an hour. Sixty at the most. No. No. Please. Listen, please don't give me a ticket. If I get one more speeding ticket—my license. I'll lose my license, please, I'm really sorry. I really will drive slower. Please?

III. 다음 대화문을 상황에 맞게 감정을 넣어 소리를 내어 읽어 보세요.

1.

A: What's wrong?

B: I'm sure I flunked my test in Chinese history.

A: Didn't you study?

B: Yeah, but I guess I should have studied more. I shouldn't have watched that basketball game on TV last night. Then maybe I would have done better.

A: The test must have been really hard.

B: Yeah, and it was too long. There wasn't enough time to answer all the questions.

2.

A: Have you seen my wallet? I can't find it anywhere.

B: No. You could have left in the car.

A: No, I can't have left it there. I didn't take it out with me.

B: Well, you might have put in the drawer.

A: No, it isn't there. I already looked.

B: Ah! Then you must have left it in the bedroom when you changed earlier.

A: Oh, yes. I must have done that. I'll check.

3.

A: Okay, question 2. In which country were Panama hats first made?

B: Easy. They must have been made in Panama.

C: No, it's too obvious. But they could have come from Ecuador. That's possible.

A: Yep, a possibility. But why are they called Panama hats then?

C: I don't know, but Panama is too obvious.

B: No, I don't think so. I'm sure that Panama hats were first made in Panama!

C: Okay, I'll take a look. And the correct answer is ... b. Ecuador.

B: Well, that's stupid.

C: Okay, calm down.

◒ Translate the following sentences into English and Korean.

1. They ought to have arrived in New York.
2. She would have made an excellent teacher.
3. We must have been burgled while we were asleep.
4. 그는 기차를 놓쳤을지도 모른다.
5. 네가 좀 더 일찍 의사의 진찰을 받았으면 좋았을 걸.

〈Answers〉

1. 지금쯤은 그들이 뉴욕에 도착했겠지.

2. 그녀는 뛰어난 교사가 되었을 것이다.

3. 우리가 잠이 든 사이에 도둑이든 게 틀림없어.

4. He might have missed the train.

5. I think you should have seen a doctor.

8) 'one of~' 등의 발음 경우

'one of~'의 경우, 빨리 소리를 내게 되면 'of'의 'f'는 자음 앞에서 탈락하게 된다. 따라서 'of'의 발음이 '어브[əv]'이기 때문에 결과적으로 'of'의 발음은 '어[ə]'로 된다.

그리고 이와 같은 현상은 'All of~', 'None of~', 'Some of~', 'Most of~'나 'Many of~'경우에도 똑같이 적용될 수 있다. 그러니까 'of'의 발음이 '어브([əv])'이기 때문에 결과적으로 'of'의 발음은 '어([ə])'로 된다.

It's one of my many mistakes.

She never gives me one of her smiles.

This city is still one of the world's best.

Most of us just walk.

None of you care what I think.

All of the families live in big cities.

I think I'll get one of these jackets.

Some of the people don't agree with me.

Many of them have cameras and are looking in the salon window.

All of the houses are gray.

All of them are enjoying it.

He spent all of the winter in Canada.

None of his work has been done.

None of the houses are very large.

None of my classmates like to study.

Some of the houses have flowers.

Some of dolls are really quite amazing.

Some of their parents work two or three jobs.

Most of my customers are nice.

Most of the food is already cold when you get it.

I know most of the flight attendants and I can almost fly for free.

Many of us disagree to her.

Many of those present disagreed.

How many of you are starting a new plan today?

I. 다음 영문을 큰소리로 높고 낮게 노래하고 춤을 추듯이 소리를 내어 읽어 보세요.

1. None of us wanted to go to bed.
2. One of the men is drinking a cup of tea.
3. Most of the houses have three windows.
4. None of the TV programs are worth watching tonight.
5. Thirty uninvited guests arrived, and some of them were carrying knives.

II. 다음 대화문을 상황에 맞게 감정을 넣어 소리를 내어 읽어 보세요.

1.

A: What were your photos like?

B: I'm afraid none of them came out.

2.

A: What is the worst part of your job?

B: I get to meet a lot of famous people. Some of them are not very nice. They think they are better than me. They can be very demanding.

3.

A: One of my favorite hobbies is cooking.

B: What do you like to make?

A: Soups, salads, everything.

III. 다음 대화문을 상황에 맞게 감정을 넣어 소리를 내어 읽어 보세요.

1.

A: Martha, tell me about school. What are some of the rules at your high school?

B: Oh, my gosh! There are so many! Let me see. We can't wear makeup. We're not allowed to chew gum. We're not allowed to bring cell phones to class . . .

A: There are millions of rules—all of them stupid.

B: And if you break one of the rules, you have to stay after school!

A: Well, speaking of school, I've got to go. I've got to do my homework!

(American Headway 3 S/B, p. 124)

2.

A: Do you know all of these people?

B: Well, they're my friends from college. I know most of them.

A: Wow, there are so many people here. I'll never remember their names.

B: Don't worry, I'll help you. Oh, there's Larry Smith.

A: Larry Smith?

B: Yes, he's the one with short blond hair and a mustache, about average height. Can you see him?

A: Where?

B: Over there. He's wearing a light brown jacket with dark green pants and a colorful tie.

A: Oh, yes, I see him.

◒ Translate the following sentences into English and Korean.

1. I'd like to see one of the movies.
2. Some of the dishes were wonderful.
3. As most of you know, I've decided to resign.
4. 포도주는 조금도 남아 있지 않다.
5. 너의 소지품은 모두 합쳐서 50킬로가 된다.

〈Answers〉

1. 나는 그 영화들 가운데 하나를 보고 싶다.
2. 요리 중에는 훌륭한 것도 있었다.
3. 여러분 대부분이 아시다시피 전 사직하기로 했습니다.
4. There is none of the wine left.
5. All of your things weigh fifty kilograms.

9) 숫자 발음하기

우리나라 영어 학습자들이 많은 경우 숫자가 나오면 피하거나 읽지 않고 넘어가는 경우가 많다. 평소 숫자에 대한 연습을 통해 익혀 놓아야 숫자 소리가 들리면 당황하지않고 이해할 수 있고, 제대로 발음할 수 있다. 영어로 된 숫자를 이해하고 발음하는 것이 어려울 수 있다. 영어에서 몇 가지 숫자(Numbers)는 너무 비슷하게 들린다. 특히 'teens'와 'tens' 사이의 차이점은 강세(stress)와 관련이 있다. '-teen'은 '-ty' 보다 강세를 더 강하게 받는다. '-ty'는 종종 '-dy'에 가깝게 들린다. '-dy'에 가깝게 들린다는것은 단타음화(單打音化) 되는 경우가 대부분이라는 뜻이다. 우리나라 사람들은 숫자를 만나면 멈칫하거나 당황하거나 건너뛰는 경우가 많은데, 영어로 숫자를 읽는 연습을 조금만 하게 되면 여유가 생겨 차분히 숫자를 듣거나 말을 할 수 있게 된다. 그리고 숫자와 숫자 사이에 점이 있는 경우에는 포인트(point)라고 읽으면 된다.

-teen	-ty
13 thir-teen'	30 thir'-ty
14 four-teen'	40 for'-ty
15 fif-teen'	50 fif'-ty
16 six-teen'	60 six'-ty
17 seven-teen'	70 seven'-ty
18 eight-een'	80 eight'-ty
19 nine-teen'	90 nine'-ty

I. 다음 영문을 큰소리로 높고 낮게 노래하고 춤을 추듯이 소리를 내어 읽어 보세요.

1. Linda takes the 8:15 train.
2. That comes to $124.77.

3. This car was driven 55,500 miles.

4. Our office is at 3400 Ashby Avenue.

5. He's lived in England since 1997.

II. 다음 대화문을 상황에 맞게 감정을 넣어 소리를 내어 읽어 보세요.

1.

A: I'd like two vanilla cones, please.

B: One scoop or two? It's one twenty-five for one and one ninety-five for two.

2.

A: Attention passengers on Asiana flight 475 to New York. There has been a delay. The flight will now depart at six o'clock. Flight 475 to New York will leave at six o'clock from gate fourteen.

B: Six o'clock! Great. We've got some time. Let's get something to eat.

3.

A: This necktie isn't bad. How much is it?

B: It's $35.95.

A: $35.95. Well, maybe I don't really need a tie. Thanks, anyway.

III. 다음 대화문을 상황에 맞게 감정을 넣어 소리를 내어 읽어 보세요.

1.

A: I'd like two tickets to Boston for tonight.

B: Certainly. Would you like a sleeper car?

A: NO, coach class is fine. What time is that?

B: It leaves 9 o'clock from track 11.

2.

A: How much are these CDs?

B: They're nineteen ninety-five each.

A: Nineteen ninety-five? OK. I'll take these three.

B: OK. Three CDs at nineteen ninety-five. That comes to fifty-nine dollars and eighty-five cents.

A: Fifty-nine eighty-five. Can I write a check?

3.

A: What year were you born?

B: Nineteen eighty-four.

A: Oh, so you're rat.

B: A rat?

A: That's your Chinese zodiac sign. It means you love to be around people. And you love to make new friends.

B: That sounds like me. How about you, Eugene? What's your sign?

A: I'm a rabbit. That means I'm good at understanding other people's feelings.

B: You know, you are good at that.

◒ Translate the following sentences into English and Korean.

1. If we leave at quarter to nine, we'll have plenty of time.
2. You leave July 2nd on flight 747 from Incheon Airport at 3 p.m.
3. The movie starts at 7:15 and it just takes 20 minutes to get there.

4. 그 시의 인구는 325,000명입니다.
5. 395-6451로 저에게 전화를 해 주십시오.

〈Answers〉

1. 만약 우리가 아홉 시 십오 분 전에 떠난다면, 시간이 충분할 것입니다.
2. 당신은 칠 월 이 일 칠사칠 비행기로 인천 공항에서 3시에 출발합니다.
3. 그 영화는 일곱 시 십오 분에 시작해서 하는데 그곳에 도착하는데 단지 이십 분이 걸립니다.
4. That city has a population of 325,000.
5. Please call me back at 391-6451.

◈ 겉으로 숫자로 나타나지 않으면서 수적인 개념을 갖고 있는 낱말들은 다음과 같다.

both/couple/pair, decade, dozen, fortnight, generation, century, hundred, thousand, million, billion

Both the women were French.

I saw a couple of men get out.

The vase is one of a matching pair.

Prices have risen sharply in the last decade.

Only about half a dozen people turned up.

I hope to be back in a fortnight.

My family have lived in this house for generations.

It was the worst storm in nearly a century.

A hundred of the men were killed.

More than a thousand temples still remain at Angkor.

He's a man in a million.

Two billion people worldwide are expected to watch the game.

both, pair, couple: 둘(2)이라는 뜻을 갖고 있다.

I liked them both.

We have both seen the movie.

Both of the men are wearing ties.

The couple was/were married in 1982.

Several couples were on the dance floor.

Each couple was asked to complete a form.

* 그런데 couple of...는 '몇 명[개]의, 두어 명[개]의'의 뜻으로도 쓰인다.

We went there a couple of years ago.

(우리는 거기에 두어 해 전에 갔다.)

That's an expensive pair of socks.

A pair of children were kicking a ball about.

Get pairs of students to act out the dialogue in front of the class.

* decade: '10년'(ten years)이라는 뜻을 갖고 있다.

This decade began badly for us.

My father has worked there for decades.

The development of the park took a decade to complete.

* dozen: 'dozen'은 한 다스로 '12개' 또는 '12개짜리 한묶음'의 뜻을 갖고 있다.

I bought a dozen doughnuts.

His chicken eggs sell for $22 a dozen.

He ordered a dozen of their best red roses.

* fortnight: 'fortnight'는 '이 주일(간)'이란 뜻으로 이 주의 기간이기 때문에, 14라는 뜻 을 갖고 있다.

We visit her every fortnight.

He's taking his usual fortnight in July.

He issued a report on his activities each fortnight.

* generation: 'generation'은 '세대'나 '대(代)'를 뜻하는데, 약 30년이라는 뜻을 갖고 있다.

Within generation, the family had lost all its wealth.

A generation ago, home computers were virtually unknown.

Within a generation flight has become the method used by many travellers.

* century: 'century'는 100년(one hundred) 동안의 기간이라는 뜻을 갖고 있다.

This period 1990-1999 is the twentieth century.

The city center has scarcely changed in over a century.

The century from 1848 to 1947 saw tremendous political change in Europe.

* hundred: 'hundred'는 100이라는 뜻을 갖고 있다.

This vase is worth several hundred dollars.

She died more than one hundred years ago.

One hundred of the children have already been placed with fosterfamilies.

* 그런데 a hundred와 hundreds (of...)는 '(수없이) 많은, 수백의'라는 뜻으로도 쓰인다.

Men died in their hundreds.

(남자들은 백 세가 넘어 죽었다.)

If I've said it once, I've said it a hundred times.

(내가 그것을 한 번 말했다면 수없이 말을 한 셈이다.)

* thousand: 'thousand'는 '천'(1,000)이라는 뜻을 갖고 있다.

It is filled with a thousand years of history and culture.

Visitors can expect to pay about a thousand pounds a day.

Two thousand hotel workers in Anaheim, California have been laid off due to a slowdown in tourism.

* 그런데 a thousand와 thousands (of...)는 '수천의, 수많은'이란 뜻으로도 쓰인다.

I owe you a thousand apologies.

(정말 죄송하기 짝이 없습니다.)

There were thousands of people there.

(거기에는 수많은 사람들이 있었다.)

* million: 'million'은 백 만(1,000,000)이라는 뜻을 갖고 있다.

It must be worth a million.

She got eight million dollars for appearing in that film.

His video clip received over one million clicks on YouTube last week.

* 그런데 a million 또는 millons (of...)는 '수많은'이란 뜻으로도 쓰인다.

I still have a million things to do.

(나는 아직 할 일이 수없이 많다.)

There were millions of people there.

(그곳에는 수많은 사람들이 있었다.)

* billion: 'billion'은 'million'의 천배로 10억이라는 뜻을 갖고 있다.

Worldwide sales reached 2.5 billion.

(전 세계 매출이 이십오 억에 달했다.)

Cosmetics is a billion dollar industry.

Two billion dollars was withdrawn from the account.

* 그런데 a billion 또는 billions는 '엄청난 양'이란 뜻으로도 쓰인다.

Our immune systems are killing billions of germs right now.

(우리의 면역 체계는 지금 이 순간에도 엄청난 양의 세균들을 죽이고 있다.)

Don't have a billion friends, just a few close ones.

(당신은 엄청난 양의 친구들 갖지 말고, 몇몇 가까운 친구들만 가져라.)

I. 다음 영문을 큰소리로 높고 낮게 노래하고 춤을 추듯이 소리를 내어 읽어 보세요.

1. There were just a hundred of them there.

2 We have a population of . . . oh . . . about 280 million.

3. Currently, there are about a billion bicycles in the world.

4. Finally, the couple appeared to the public eye as a family.

5. I would like to place an order for a dozen new flat screen TVs.

II. 다음 대화문을 상황에 맞게 감정을 넣어 소리를 내어 읽어 보세요.

1.

A: How much was the check for?

B: A hundred and sixty pounds.

2.

A: I'll be traveling for a couple of days, so you won't be able to call me.

B: OK. You should call me after you come back.

3.

A: I need twelve dozen ball-point pens.

B: Do you want any specific color?

A: Yes, give me five dozen red, six dozen blue, and a dozen black.

III. 다음 대화문을 상황에 맞게 감정을 넣어 소리를 내어 읽어 보세요.

A: Good luck on your exam!

B: Same to you. I hope we both pass.

A: Did you go out last night?

B: No, of course not. I went to bed early. What about you?

A: Me, too. See you later. After the exam, let's go out for coffee.

B: Good idea.

◒ Translate the following sentences into English and Korean.

1. The couple are happily married.
2. They have spent billions on the problem.
3. He's had three accidents in the past fortnight.
4. 인구는 지난 십 년 동안에 두 배가 되었다.
5. 그 계좌에서 돈이 이 백(파운드)이 인출되었다.

〈Answers〉

1. 그 두 사람은 결혼해서 행복하게 살고 있다.
2. 그들은 그 문제에 수십억 달러를 써 왔다.
3. 그는 지난 이 주 동안에 사고를 세 차례 겪었다.
4. The population has doubled in[during] the last decade.
5. Two hundred (pounds) was withdrawn from the account.

PART 3
신경이 쓰이는 발음

1 고유명사의 경우

2 영어권으로 넘어온 외래어

3 우리에게 익숙해져 있는 발음

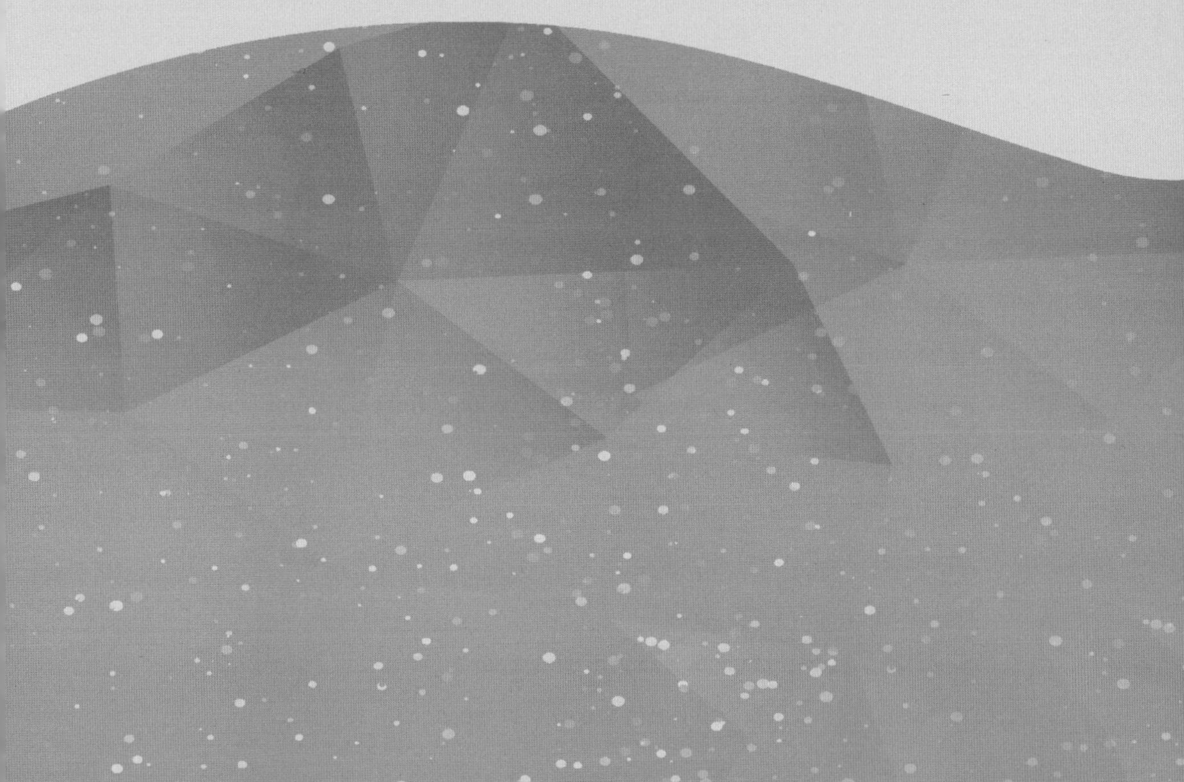

1 고유명사의 경우

우리에게 익숙해져 있는 발음이 영어에서 그대로 나지 않을 경우에는 영어를 들을 때 제대로 들을 수 없고, 영어로 말을 할 때 제대로 소리를 낼 수 없다. 여러 가지 경우가 있지만 아래에 예를 드는 것들은 우리에게 자주 나타나는 것들이다. 이 가운데 지명 및 국가명과 관련된 것들은 아래와 같다.

① Athens: '아테네'가 아니라 '애신즈'에 가깝게 발음된다.

Our tour started in Paris and finishes up in Athens.

In 1985, Athens became the first "Cultural Capital" of Europe.

The first modern Olympic Games were held in Athens in 1896.

② Berlin: '베를린'이 아니라 '버린'에 가깝게 발음된다.

Where will you stay in Berlin?

Cath hasn't phoned since she went to Berlin.

The Brandenburg Gate is the symbol of Berlin and Germany.

③ Chile: '칠레'가 아니라 '칠리'로 발음된다.

The official name of Chile is the Republic of Chile.

He went to a daycare center in Santiago, the capital of Chile.

Chile is rich in natural resources such as copper, timber, iron ore, and hydro-power.

④ France: '프랑스'가 아니라 '프랜스'로 발음된다.

He lived in France for two years.

Notre Dame is a very famous church in Paris, France.

Marie Curie was a famous scientist. She wasn't born in France.

⑤ Manila: '마닐라'가 아니라 '머니러'에 가깝게 발음된다.

Manila is one of the most populous cities in the world.

The change is taking place in Manila in the Philippines.

There are more than 20 universities and colleges in Manila.

⑥ Montgomery: '몬트가머리'가 아니라 '먼가머리'에 가깝게 발음된다.

이 경우는 t가 자음(n)과 자음(g) 사이에 놓이기 때문에 없어지는 탈락 현상이다.

Montgomery is the capital of Alabama.

Montgomery also wrote seven more books about Anne's life.

During that year in Montgomery, Alabama, Rosa Parks broke the law.

⑦ Moscow: '모스크바'가 아니라 '모스코우'로 발음된다.

Moscow was named after the "Moskva" river, which runs through the city.

The Moscow metro is one of the busiest underground railways in the world.

Moscow is a major political, economic, cultural, and educational center of Russia.

⑧ Paris: '파리'가 아니라 '패리스'로 발음된다.

Have you ever been to Paris?

We fly between Rome and Paris twice daily.

Several years after they'd split up they met again by chance in Paris.

⑨ Peru: '페루'가 아니라 '퍼루'로 발음된다.

Machu Picchu of Peru is an ancient city of the Inca Empire.

Recently, a very special group wedding ceremony was held in Lima, Peru.

Chile is surrounded by three different countries: Bolivia, Peru, and Argentina.

⑩ Rome: '로마'가 아니라 '로움'으로 발음된다.

Have you ever been to Rome?

I have to go to Rome on business.

I love Rome, especially in the spring.

2 영어권으로 넘어 온 외래어

유럽에서 영어권으로 넘어 들어 온 낱말의 경우 영어식 발음이 되지 않고 본래 있던 나라에서 하던 발음대로 되는 경우가 많다. 이런 낱말들은 대부분 영어에 들어온 외래어라고 할 수 있다. 외래어 가운데 일부는 우리들에게 이미 익숙하게 사용하고 있는 영어발음이 있는데, 이런 경우 제대로 발음을 하는 것이 중요하다.

① ballet: '발레(춤), 발레(작품), 발레단'이란 뜻인데, '발레'가 아니라 '밸레이'에 가깝게 [bælei]라고 발음된다.

'Swan Lake' is one of the great classical ballets.

In fact, he is the oldest ballet dancer in England!

He is Billy Elliot and he wants to become a ballet dancer.

② bouquet: '부케, 꽃다발, (특히 포도주의) 향미[향취]'라는 뜻이데, '부케이' [bukei]라고 발음된다.

She holds the bride's bouquet during the ceremony.

The bride casts the bouquet and of her friends gets it.

I'd like a balloon bouquet delivered for my boss's fortieth.

③ buffet: '뷔페, (정거장 등의) 간이식당'이란 뜻인데, '부페'가 아니라 '버페이'[bəfei] (미국영어)나 '부페이'[bufei](영국영어)로 발음된다.

Dinner will be a cold buffet, not a sit-down meal.

Everyone's dish is put on a big table as a sort of buffet.

This is a buffet, so help yourselves to anything you like.

④ café: '카페'라는 뜻인데, '캐페이'[kæfei]라고 발음된다.

If you go to Vienna, you will be able to see lots of cafés.

This cafe has become so popular that reservations are now required!

From cat cafes to penguin bars, themed cafes have long been popular in Japan.

⑤ cafeteria: '카페테리라(셀프서비스식 식당), 구내식당'라는 뜻인데, '캐퍼티어리어'[kæfətiəriə]라고 발음된다. 그런데 cafeteria는 '자율식당'이라고 우리글로 옮기는 것이 제대로 뜻을 살려낸다고 볼 수 있다.

We eat lunch at the school cafeteria.

What kind of food is in the cafeteria ?

The cafeteria is open from eleven to two-thirty.

⑥ chef: '요리사(특히 주방장)'이란 뜻인데 [ʃef]라고 발음된다.

As a teenager, he wanted to become a chef at first.

She's even inspired me to later consider becoming a chef.

Chefs from around the world came and cooked their special foods

⑦ entrée: '앙트레(식당이나 만찬에서 주요리, 또는 주요리 앞에 나오는 요리)', '앙트레 (생선 요리와 고기 요리 사이에 나오는 요리); (미) 불고기 이외의 주요 요리'라는 뜻인데 '안트레이'[antrei]라고 발음된다.

I serve it often with any meat entrée.

She made a graceful entrée into the ballroom.

This is a nice side dish or a vegetarian entrée.

⑧ gourmet: '미식가, 식도락가'라는 뜻인데, '구어메이'[guəmei]라고 발음된

다. 그리고 gourmet food는 '(미식가용) 고급 음식'이란 뜻이다.

Gourmet food is easy to find there.

Our specialty foods will appeal particularly to the gourmet.

Eating gives him pleasure, so he purchases fancy foods at gourmet shops.

⑨ résumé: '이력서'나 '요약, 개요'(= curriculum vitae)의 뜻인데, '레주메이'[rezjumei] 또는 '레저메이'[rezəmei]로 발음된다.

First, as you have seen on my résumé, I have various qualifications.

Register online with your résumé by October 31 to assure your attendance.

Tell me something about yourself that I didn't know from reading your résumé.

3 우리에게 익숙해져 있는 발음

한국인들에게 이미 익숙하게[굳어 있는] 사용하고 있는 영어발음이 실제 영어권에서는 다르게 발음되는 경우가 많다. 이런 경우의 예는 우리가 하나하나 익혀서 연습하는 길 이외에는 다른 방법이 없다. 한국어에 너무 착 달라붙어 있어서 떼어내기가 힘들기 때문에, 정확한 영어발음대로 반복해서 연습하면서, '아, 그렇구나!'라고 느끼면서 고쳐 나가야 할 것이다.

한국 사람들이 대부분 틀리는 영어발음의 원인은 다음과 같다. 첫째, 영어식으로 발음을 하지 않고 한국어로 굳어져 버린 소리들 때문에 우리들이 발음하는데 어려움이 있다. 둘째, 한국어에는 없는 소리들이 영어에 있을 경우 우리들이 발음하기가 어렵다. 셋째, 약모음으로 발음해야 되는 경우, 모음에 강세를 두어 모음의 음을 개별적으로 제대로 소리를 내기 때문에 우리들이 발음하기에 어려움이 있다. 일반적으로 한 낱말에서 모음이 여러 개가 있는 경우에도 하나의 모음만 강하게 발음하고, 나머지 모음은 약한 모음인 약모음 [ə]로 발음하면 된다.

① aerobic: '유산소의, (신체 운동이) 유산소 운동의'라는 뜻인데, [eərəubik] 또는 美)[eroubik]으로 발음된다. 그리고 aerobics는 '에어로빅, 유산소 운동, 에어로빅 체조'란 뜻인데, '에어라빅스' 또는 빨리 발음되는 경우에는 '어라빅스'에 가깝게 들린다.

Do they offer any aerobic classes?

Aerobic physical activity can help reduce blood pressure.

Aerobic exercises are activities that require a lot of oxygen.

② again: again은 '한 번 더, 다시'라는 뜻인데, '어겐'[əgen]은 미국식 발음이고 '어게인'[əgein]은 영국식 발음이다.

Could you say it again, please?

Interest rates look set to rise again.

It's bound to be sunny again tomorrow.

③ allergy: '알레르기'란 뜻인데, '알레르기'가 아니라 '앨러지'[ælədʒi]로 발음된다.

I have an allergy to animal hair.

Maybe she's been suffering from allergies.

I was so shocked because it is a new allergy.

그리고 'allergic'은 '(~에 대해) 알레르기가 있는'이란 뜻인데, '어러직'[ələdʒik]으로 발음된다.

I am allergic to pollens.

She is allergic to Jazz.

* 여기서 allergic은 '[…에] 지나치게 민감한, …을 아주 싫어하는, […이] 성미에 맞지 않는[to‥]'이란 뜻으로, 이 글은 "그녀는 재즈를 몹시 싫어한다."라는 뜻이다.

Soya milk can cause allergic reactions in some children.

④ aspirin: '아스피린'이란 뜻인데, '아스피린'이 아니라 '애스퍼린'[æspərin] 또는 '애스퍼런'에 가깝게 발음된다.

Do you have any aspirin?

Take two aspirin(s) for a headache.

Aspirin should not be given to young children.

⑤ banana: '바나나'란 뜻인데, '바나나'가 아니라 '버나너'(英)[bənɑnə]나 '버내너'[bənænə]로 발음된다.

I bought a small bunch of bananas.

Eating bananas is also a simple, easy way to improve your mood.

Bananas are the world's best natural, low-fat source of vitamin B6.

⑥ camera: '카메라'라는 뜻인데, '캐머러'[kæmərə]라고 발음된다.

Just point the camera and press the button.

Are you prepared to tell your story on camera?

Cameras started clicking as soon as she stepped out of the car.

⑦ cassette: '카세트, 작은 상자'란 뜻인데, '카세트'가 아니라 '커셑 '[kəset]에 가깝게 발음된다.

I listened to that cassette over thirty times.

She labels all her video cassettes with the name and date.

We looked everywhere for the cassette, but we couldn't find it.

⑧ cocoa: '코코아'라는 뜻인데, '코우코우'[koukou]라고 발음된다.

My wife was tucked up in bed with her cup of cocoa.

The Ivory Coast became the world's leading cocoa producer.

Drinking two cups of hot cocoa a day helps your brain stay healthy.

⑨ film: '영화, (카메라의) 필림'이란 뜻인데, '필림'이 아니라 '피이~름'[film]에 가깝게 발음된다.

He had filmed her life story.

The photographs had already shot a dozen rolls of films.

Let's go to the cinema—there's a good film on this week.

여기서 'l'과 'm'은 두 개 모두 자음이다. 그런데 'l'은 우리나라 말에는 없는 소리인데, 발음은 혀를 위 입천장에 살짝 대면서 소리를 내야 한다. 그리고 'l'을 이렇게 소리를 내면서 'm'을 바로 붙여서 발음해야 하기 때문에, 'l'과 'm'을 따로 소리를 내지 않고 빨리 붙여서 소리를 내야 한다. 일반 사람들이 들으면 혀를 굴리는듯한 소리처럼 들리지만, 사실은 제대로 발음을 하는 것이다. 이런 현상은 'golf'에서 'l'과 'f'의 경우, 'help'에서 'l'과 'p'의 경우, milk'에서 'l'과 'k'의 경우, 'silk'에서 'l'과 'k'의 경우에도 마찬가지로 적용된다.

⑩ golf: '골프'란 뜻인데, '골프'가 아니라 '고울~프'[gɔːlf]나 [gɑlf]에 가깝게 발음된다.

He enjoyed a round of golf on a Sunday morning.

The first family had a great time playing golf together.

Woods proved that he is second to none when it comes to golf.

여기서 golf에서 'l'과 'f'는 두 개 모두 자음이다. 그런데 'l'은 우리나라 말에는 없는 소리인데, 발음은 혀를 위 입천장에 살짝 대면서 소리를 내야 한다. 그리고 'l'을 이렇게 소리를 내면서 'f'를 바로 붙여서 발음해야 하기 때문에, 'l'과 'f'를 따로 소리를 내지 않고 빨리 붙여서 소리를 내야 한다. 일반 사람들이 들으면 혀를 굴리는듯한 소리처럼 들리지만, 사실은 제대로 발음을 하는 것이다. 이런 현상은 'film'에서 'l'과 'm'의 경우, 'help'에서 'l'과 'p'의 경우, 'milk'에서 'l'과 'k'의 경우 및 'silk'에서 'l'과 'k'의 경우에도 마찬가지로 적용된다.

⑪ good: '(질적으로) 좋은[잘 된/괜찮은], 즐거운, 기쁜, 다행스러운, (~에) 능한' 등의 인데, '굿'이 아니라 '그엇'[gud]에 가깝게 발음된다.

That's a good boy[girl].

The results were pretty good.

Sorry, my English is not very good.

'good'에서 [u]의 발음은 입안의 가장 깊숙한 안쪽에서 소리가 나기 때문이다.[42쪽의 모음 체계표 참조] 한국 사람들은 대부분 입 앞쪽 가운데에서 [u]의 소리를 낸다. 이 소리 역시 한국어에는 없는 소리이다.

⑫ guerrilla: '게릴라'가 아니라 '거리이러[gəriləl]'에 가깝게 발음된다.

Guerrillas have infiltrated into surrounding villages.

He was a tough guerrilla leader in his liberation war.

They spent two years fighting a guerrilla war against Batista.

⑬ help: '돕다, 거들다, (상황 · 일에) 도움이 되다'라는 뜻인데, '헬프'가 아니라 '헤에~ 엘프'[help]에 가깝게 발음된다.

This should help reduce the pain.

We must all try and help each other.

He has helped to raise a lot of money.

help에서 'l'과 'p'는 두 개 모두 자음이다. 그런데 'l'은 우리나라 말에는 없는 소리인데, 발음은 혀를 위 입천장에 살짝 대면서 소리를 내야 한다. 그리고 'l'을 이렇게 소리를 내면서 'p'를 바로 붙여서 발음해야 하기 때문에, 'l'과 'p'를 따로 소리를 내지 않고 빨리 붙여서 소리를 내야 한다. 일반 사람들이 들으면 혀를 굴리는듯한 소리처럼 들리지만, 사실은 제대로 발음을 하는 것이다. 이런 현상은 'golf'에서 'l'과 'f'의 경우, 'milk'에서 'l'과 'k'의 경우, 'silk'에서 'l'과 'k'의 경우 및 'film'에서 'l'과 'm'의 경우에도 마찬가지로 적용된다.

⑭ label: '표[라벨/상표]'라는 뜻인데, '라벨'이 아니라 '레이블'[leibl]에 가깝게

발음된다.

He put a label on his suitcase.

The washing instructions are on the label.

He'll only wear clothes with a designer label.

⑮ laboratory: '실험실, 실습실, 연구실'이란 뜻인데, '러바러트리'[ləbɑrətri] 또는 '래버러토리'[læbrətɔ:ri]라고 발음된다.

He founded an advertising laboratory on his own.

In the laboratory, he found how the water forms in space.

The researchers placed groups of fish into tanks in a laboratory.

⑯ marathon: '마라톤, 마라톤 같은 [오랜 인내/노력을 요하는] 일'이란 뜻인데, '마라톤'이 아니라 '매러선'[mærəθən]에 가깝게 발음된다.

The interview was a real marathon.

A marathon is a running event with a distance of 42.195km.

In spring, a lot of marathon races are held all over the world.

⑰ margarine: '마가린'이란 뜻인데, '마가린'이 아니라 '마저린'[mɑ:dʒəri:n] 또는 '머저런'[mɑ:rdʒərən]에 가깝게 발음된다.

Use margarine in place of butter.

(버터 대신에 마가린을 쓰세요.)

Margarine is a good substitute for butter.

Spread the margarine thinly over the meat

⑱ massage: '마사지, 안마, 마사지[안마]를 하다'라는 뜻인데, '마사지'가 아니라 '머사즈'[məsɑ:ʒ] 또는 '매사즈'[mæsɑ:ʒ]에 가깝게 발

음된다.

Massage will help the pain.

He massaged the aching muscles in her feet.

A massage salon will relieve any aches from your exercise in our gym or on the mountain.

* 듣기 이해의 경우 message와 혼동을 일으키는 예로 자주 등장한다. message는 '전갈[메시지/성명], 교훈[메시지]'라는 뜻인데, '메시지'[mesidʒ]로 발음된다.

As you were out, I left a message.

I left a message on your answering machine.

There were no messages for me at the hotel.

⑲ mayonnaise: '마요네즈(소스)'란 뜻인데, '마요네즈'가 아니라 '메이어네이즈'[meiəneiz])로 발음된다.

Mayonnaise is a mixture of oil, vinegar and eggs.

Would you like some mayonnaise with your salad?

I want mine heavy on the mustard and light on the mayonnaise.

⑳ milk: '우유, 젖, 우유[젖]를 짜다'란 뜻인데, '밀크'가 아니라 '미이일크'[milk]에 가깝게 발음된다.

Do you take milk in your tea?

So try to eat healthy and drink lots of milk!

We know that milk is a good source of calcium.

여기서 'l'과 'k'는 두 개 모두 자음이다. 그런데 'l'은 우리나라 말에는 없는 소리인데, 발음은 혀를 위 입천장에 살짝 대면서 소리를 내야 한다. 그리고 'l'을 이렇게 소리를 내면서 'k'를 바로 붙여서 발음해야 하기 때문에, 'l'과 'k'를 따로 소리를 내지 않고 빨리 붙여서 소리를 내야 하는 것이다. 일반 사람들이 들으면 혀를 굴리는듯한 소리처럼 들리지만, 사실은 제대로 발음을 하는 것이다. 이런 현상은 'help'에서 'l'과 'p'의 경우, 'film'에서 'l'과 'm'의 경우, 'golf'에서 'l'과 'f'의 경우 및 'silk'에서 'l'과 'k'의 경우에도 마찬가지로 적용된다.

㉑ model: '모형, 모델, 모델[디자인], 본보기, 모범'이란 뜻인데, '모델'이 아니라 '마덜'[mɑ이]에 가깝게 발음된다. 여기서 '덜'에 가깝게 내는 소리는 닮는 소리[동화] 현상 가운데 단타음화에 해당된다.

It was a model of clarity.

The latest models will be on display at the motor show.

The nation's constitution provided a model that other countries followed.

㉒ monitor: '화면, 모니터, 감시 장치, 감시 요원'이란 뜻인데, '모니터'가 아니라 '마니터'[mɒnitə] 또는 '마너터'로 발음된다.

They're monitoring the weather.

The monitors are covering the wall.

The details of today's flights are displayed on the monitor.

㉓ pizza: '피자'란 뜻인데, '피자'가 아니라 '피저'[piːtsə]에 가깝게 발음된다.

Is there any pizza left?

Last but not least, I love eating Italian food such as pizza and pasta!

Foods such as hamburgers, pizzas, and chips already have a lot of salt.

㉔ sauna: '사우나'라는 뜻인데, '사우나'[saunə]라고 발음되는 경우도 있지

만 주로 '소너'[sɔ:nə]라고 발음된다.

Why don't you have a sauna?

I went to the sauna and then I had a massage.

There is also a gymnasium, swimming pool and sauna.

㉕ shampoo: '샴푸, 세제, 머리 감기, 샴푸하기, (머리를 샴푸로) 감다'라는 뜻인데, '샴푸'가 아니라 '샘푸~'[ʃæmpu:]로 발음된다.

Rinse the hair thoroughly after each shampoo.

However, excessive use of shampoo can dry the hair out.

By the 1960s, detergent became an active ingredient in shampoo.

㉖ silk: '생사, 비단, 실크'란 뜻인데, '실크'가 아니라 '시이~일크'[silk]에 가깝게 발음 된다.

Her skin was as smooth as silk.

The silk and other fabrics were imported from Italy.

Last week, a very special black silk dress was unveiled in Britain.

여기서 'l'과 'k'은 두 개 모두 자음이다. 그런데 'l'은 우리나라 말에는 없는 소리인데, 발음은 혀를 위 입천장에 살짝 대면서 소리를 내야 한다. 그리고 'l'을 이렇게 소리를 내면서 'k'를 바로 붙여서 발음해야 하기 때문에, 'l'과 'k'를 따로 소리를 내지 않고 빨리 붙여서 소리를 내야 한다. 일반 사람들이 들으면 혀를 굴리는듯한 소리처럼 들리지만, 사실은 제대로 발음을 하는 것이다. 이런 현상은 'film'에서 'l'과 'm'의 경우, 'golf'에서 'l'과 'f'의 경우, 'help'에서 'l'과 'p'의 경우 및 'milk'에서 'l'과 'k'의 경우에도 마찬가지로 적용된다.

㉗ tomato: '토마토'라는 뜻인데, '토마토'가 아니라 '터메이토우'[təmeitou]

나 '터마터우'[təmɑːtəu]로 발음해야 합니다.

Forget about red tomatoes. Time to try some purple ones!

This is because tomatoes are rich in vitamin A and vitamin C.

Water makes up 90 percent of a tomato and 80 percent of a pineapple.

㉘ vinyl: '비닐, (축음기에 트는) 레코드판[음반]'이란 뜻인데, '비닐'이 아니라 '바이늘'[vainl]에 가깝게 발음된다.

The vinyl book cover will not accept ink.

My dad had to buy CDs of all the albums he already owned on vinyl.

Due to thermal expansion, vinyl should not be painted with a color darker than the original siding.

㉙ yogurt: '요구르트'라는 뜻인데, '요구르트'가 아니라 '야거터'[yɒgət] 또는 '요우거터'[jougərt]로 발음된다. yogurt는 yoghurt나 yoghourt로 쓰이기도 한다.

There's a yogurt if you're still hungry.

Drinking milk and yogurt can help make your bones stronger.

There are many kinds of delicious yogurt you can choose from.

PART 4

억양과 감정 넣어 소리내기

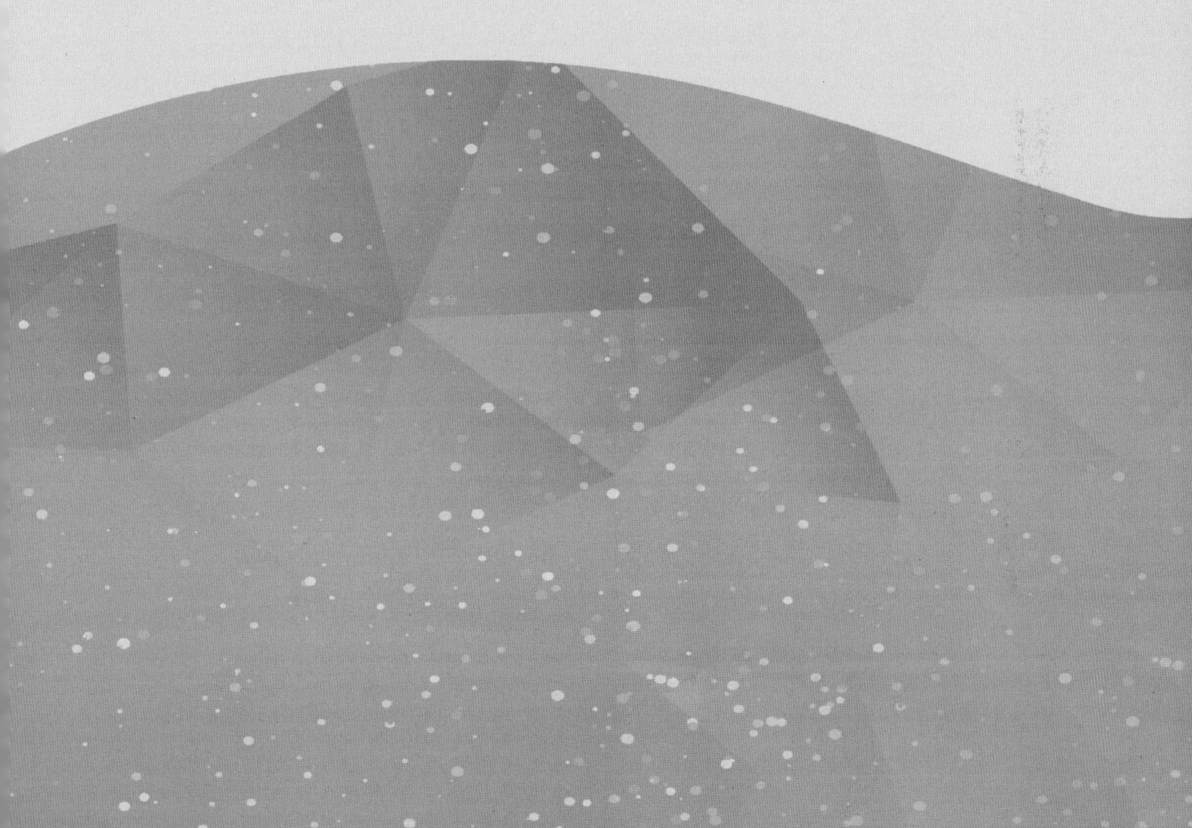

1 억양

말이나 글에서 억양은 그 내용을 듣는데 있어서 일차적으로 파악할 수 있는 근거가 된다. 그리고 말을 할 때는 글의 종류에 따라 상황에 맞게 감정을 넣어 말을 하게 될 때 비로소 영어 발음은 완성된다.

우리나라에서 영어 발음을 하는 대부분의 학습자들은 영어 발음을 할 때 일반적으로 밋밋하게 소리를 낸다. 이것은 한국어를 사용하다 영어 소리를 내려고 하니, 당연히 한국어식 발음을 하는 경향이 강할 수밖에 없다. 그렇지만 영어는 한국어와 달리 고저언어(pitch language)이기 때문에 기본적으로 낮은 소리와 높은 소리의 반복으로 이루어지기 때문에 한 개의 낱말이든, 한 개의 글이든 간에 낮고 높고 또는 높고 낮게 소리를 이어가야 한다.

영어 학습자는 이런 점을 기본적으로 인식하고 있어야 하고, 이것에 맞추어 소리를 내야 한다. 그리고 영어는 평범한 글을 제외하고 대부분의 글들은 감정이 들어가는 소리를 내는 경우가 많다. 이런 경우 감정과 더불어 생각해야 될 것은 대화가 이루어지는 상황을 동시에 생각해 보아야 한다. 다시 말하면 상황에 맞는 영어 소리를 내야 하기 때문에 소리로만 생각하면 소리의 높고 낮음이 기본적으로 그리고 일반적으로 이루어진다고 볼 수 있다.

더 나아가 즐겁거나 기쁘거나 슬프거나 분노한 경우나 감정이 실려 말을 하는 경우에는 소리가 높아지기도 하고 소리가 낮아지기도 한다. 이런 감정 표현은 한국어로 말하는 경우에도 마찬가지이기 때문에 영어 글이나 영어 말의 상황에 맞는 감정을 넣어서 소리를 내면 된다. 이런 경우 가운데 가장 쉽게 생각해 볼 수 있는 것이 감탄문의 경우이다.

억양(어조<語調>; Intonation)이란 음조(音調; Tone) 또는 말할 때 소리의 높낮이를 의미한다. 영어의 억양에는 올림어조(상승어조), 내림어조(하강어조)와 뒤섞인 어조(혼합어조)의 세 가지 형태가 있다. 어조는 말하는 사람의 감정이나 마음의 상태가 그대로 드러나는 경우가 많다. 낱말의 뜻을 모를 경우 억양의 주요

특징을 알면, 그 내용을 파악하는데 많은 도움이 된다.

1) 올림어조(상승어조; Rising Intonation)

A. 그래요 또는 아니요 의문문의 경우

그래요 또는 아니요 의문문(일반 의문문; Yes-No Questions)은 'yes' 또는 'no'로 답이 나올 수 있는 형태의 글이다. 이와 같은 그래요 또는 아니요 의문문인 경우, 여러분의 목소리는 글의 끝부분에서 어조가 올라가게 된다. (↗)

여기서 답변이 늘 'yes'나 'no'로만 나오는 것이 아니라, 'yes'와 같은 그룹에 속하는 것으로 'Sure.', ' Of course.', 'Exactly.', 'Yeah.'나 'Absolutely.' 등의 답변이 나올 수 있다. 그리고 'no'와 같은 그룹에 속하는 것으로 'Sorry, no.', 'Nope.'나 'Nah.' 등의 답변이 나올 수 있다. 그리고 그 다른 답변으로 'Uh, I don't know.', 'Um, I'm not sure.'나 'Uh, it depends.' 등이 나올 수 있다. 그리고 이런 답변 이외에도 상황에 맞는 약간 간접적인 답변이 나올 수도 있다.

I. 다음 영문을 큰소리로 높고 낮게 노래하고 춤을 추듯이 소리를 내어 읽어 보세요.

1. Are you a student here?
2. Do you like playing soccer?
3. Have all the applicants finished the questionnaire?
4. Would you like to come for dinner tomorrow night?
5. Could you fax this memo for me when you get a chance?

II. 다음 대화문을 상황에 맞게 감정을 넣어 소리를 내어 읽어 보세요.

1.

A: May I ask you a question?

B: Sure.

2.

A: Do you play tennis regularly?

B: Yes, we meet every Monday and Wednesday for a couple of games.

3.

A: Do you ever play sports on the weekend?

B: Yes, I sometimes play tennis. Do you ever play sports on the weekend?

A: No, not very often.

III. 다음 대화문을 상황에 맞게 감정을 넣어 소리를 내어 읽어 보세요.

1.

A: I have a secret to tell you. Do you know Don and Sally at work?

B: I've heard their names, but I've never met them.

A: Well, they're getting married.

B: How did you find out?

A: Don's sister told me.

B: When's the wedding?

A: I don't know.

2.

A: Are you ready to order?

B: Yes, I'd like a chicken salad, please.

A: Sure. And would you like bread with that?

B: OK.

A: What kind of dressing would you like?

B: I'll have Italian. And for dessert I'd like a slice of chocolate cake.

A: Fine. Would you like anything to drink?

B: Yes. I'd like iced coffee, please.

A: With cream?

B: No, black please and plenty of ice.

A: Certainly.

◒ Translate the following sentences into English and Korean.

1. Could you change this headset for me?
2. Are you free Sunday afternoon, June 24th, around four?
3. Do you think it's OK to visit friends without an invitation?
4. 자리를 바꾸는 것이 가능합니까?
5. 실례지만, 저스틴(Justin)을 바꿔주시겠어요?

〈Answers〉

1. 당신은 나에게 이 헤드폰을 바꿔주실 수 있습니까?
2. 당신은 6월 24일 일요일 오후 4시경에 시간 있습니까?
3. 당신은 초대하지 않은데도 친구를 방문하는 것이 괜찮다고 생각합니까?
4. Is it possible to change seats?
5. Could I speak to Justin, please?

B. 꼬리표 의문문의 경우

영어로 말을 하는 사람들은 공공장소 가령, 버스 정류소나 슈퍼마켓에서 줄을 서가 있는 경우나 병원 대기실이나 엘리베이트 안 등과 같은 곳에 있을 때, 낯선 사람들과 대화를 나누기 위해 꼬리표 의문문을 사용하는 경우가 자주 있다. 꼬리표 의문문(부가 의문문<附加疑問文; Tag Questions)은 글 끝에서 꼬리표(tag)를 붙여 만들어진 의문문을 말한다. 꼬리표 의문문은 항상 개인적인 것이 아닌 일반적인 그 무엇들이다.

This elevator is really slow, isn't it?

This market has excellent produce, doesn't it? 등.

꼬리표 의문문을 만드는 방법은 다음과 같다. 일반적으로 긍정문(affirmative sentences)은 맨 뒤에 부정적인 꼬리(negative tags)를 취하고, 부정문(negative sentences)은 긍정적인 꼬리(affirmative tags)를 취한다.

He is strong, isn't it?

You're not tired, are you? 등.

꼬리표 의문문은 두 가지 방법으로 발음이 된다. 한 가지는 말하는 사람이 상대방에게서 대답을 확신할 수 없는 경우, 정보를 묻기 위해 '꼬리부분' 앞에서 목소리(억양)이 내려가다가 '꼬리부분' 뒤에서 억양이 올라간다. 이런 경우는 진짜 질문하는 경우가 된다.

Your father is a lawyer, isn't he? (↗)

이런 경우 상대방의 아버지가 변호사인지 아닌지 확실히 알 수 없는 경우를 말한다.

꼬리표 의문문의 발음 가운데 다른 한 가지 방법은 말하는 사람이 상대방에게서 대답을 확신하고 있는 경우, 이야기를 하기 위해 사용하는 방법이다. 이런 질문은 진짜 질문이 아니다. 대신에 '꼬리부분' 앞에서 목소리(억양)이 내려가다가 '꼬리부분' 뒤에서 목소리(억양)가 내려간다.

Your father is a doctor, isn't he? (↘)

이런 경우 상대방의 아버지가 의사인 것을 확신하고 있으면서 사용하는 경우를 말한다. 여기에서는 억양이 올라가는 경우에 대한 예를 들고 있다.

그리고 글의 끝부분이 긍정이든 부정이든 그 표현을 대신해서 함께 쓸 수 있는 꼬리표 의문문 형태의 또 다른 구어체 표현은 '~, right?', '~, okay?' 또는 '~, huh?' 이다. 이 경우에도 글의 끝부분에서 목소리를 올려서 말하게 된다. (↗) 이 표현은 구어체에서 자주 쓰이는 표현이다.

1. It's Bill's turn, right?
2. Let's meet at the lake at nine o'clock, okay?
3. Oh yeah, it's impolite to discuss politics in some cultures, right?

I. 다음 영문을 큰소리로 높고 낮게 노래하고 춤을 추듯이 소리를 내어 읽어 보세요.

1. You're from Korea, aren't you?
2. Don't make any noise, will you?
3. The postman hasn't come, has he?
4. You'll be here tomorrow, won't you?
5. Let me see, the bus goes at eleven past, doesn't it?

II. 다음 대화문을 상황에 맞게 감정을 넣어 소리를 내어 읽어 보세요.

1.

A: Christopher is always on time, isn't he?

B: That's right. He's never late for anything. Unlike me.

2.

A: You always have fun vacation plans, don't you?

B: No, not always, but I did have a good vacation last summer.

3.

A: This looks like the right size tennis racket, doesn't it? Try a few out. I'm going to look at the gold clubs.

B: You'll come back and help me with this in a few minutes, won't you?

A: Sure. Just as soon as I pick out a new driver.

III. 다음 대화문을 상황에 맞게 감정을 넣어 소리를 내어 읽어 보세요.

1.

A: Wow! This place is really big!

B: It is big, isn't it?

A: Look at all this food!

B: Here's what we need for the salad. What's on the list?

A: Let's see—lettuce, tomatoes, carrots, and cucumbers.

2.

A: So, let's see. It's your turn to wash dishes, right?

B: Wait, is it? But I made dinner.

A: Come on. We decided to switch every other day.

B: Yeah, but . . .

A: Tom!

B: Yeah, OK.

◒ Translate the following sentences into English and Korean.

1. You haven't got a train timetable, have you?
2. We need special shoes for aerobics, don't we?
3. There's something wrong with this one, isn't there?
4. 어리석은 짓은 하지 말아요, 알겠죠?
5. 지난 주 내내 비가 왔죠, 그렇잖아요?

<Answers>

1. 당신은 기차 시간표를 갖고 있지 않죠, 그렇죠?
2. 우리가 에어로빅을 하기 위해 특별한 신발이 필요하죠, 그렇잖아요?
3. 이것에 무엇인가 잘못이 있죠, 그렇잖아요?
4. Don't do anything silly, will you?
5. It rained all last week, didn't it?

C. 부정 의문문과 메아리 의문문의 글에서 끝부분이 올라가는 경우

<부정 의문문의 경우>

부정 의문문(否定 疑問文; Negative questions)은 글 가운데 부정을 나타내는 낱말이 들어 있는 의문문이다. 부정의문문은 Don't you like~ ?나 Hasn't it~ ?과 같이 의문문에 not이나 never 등이 들어가는 의문문이다. 부정 의문문은 글의 끝부분의 억양이 올라간다.

Won't you come work for me? (↗)

Why don't you go out to collect colorful fall leaves, too?

Aren't you curious to know what was so special about the fish?

Don't you want to hang out with your friends outside sometimes?

<메아리 의문문의 경우>

메아리 의문문(Echo questions)은 에서는 글의 끝부분의 억양이 올라간다.

메아리 의문문 먼저 이야기한 내용의 일부분을 반복하면서 그 내용의 전체나 일부분을 물어보는 의문문이다. 이 의문문은 들은 내용을 제대로 이해를 못했거나 정확하게 들었는지 확인하려고 할 때 사용된다. 이 경우 억양은 올라간다.

A: I'm moving to Alaska.

B: You're moving where? (↗)

A: Tom's arriving at 6: 30.

B: When's Tom arriving?/Tom's arriving when?

A: Jane's lost her job.

B: Jane's lost her job?

I. 다음 영문을 큰소리로 높고 낮게 노래하고 춤을 추듯이 소리를 내어 읽어 보세요.

1. Won't you sit with us?

2. Didn't you borrow some books of mine?

3. Aren't you excited to see all the different colors in spring?

4. Don't you want to visit the world's smallest island someday?

5. Why don't you make plans to visit me with your family in the summer?

II. 다음 대화문을 상황에 맞게 감정을 넣어 소리를 내어 읽어 보세요.

1.

A: I think she's having a sleep.

B: She's what?/She's doing what?

2.

A: Can't Avani contact the head office?

B: Yes, she can. / No, she can't.

3.

A: Didn't the shipment arrive yesterday?

B: Yes, it did. / No, it didn't.

4.

A: Don't you think there are too many commercials on TV?

B: Definitely, I'm always changing channels.

III. 다음 대화문을 상황에 맞게 감정을 넣어 소리를 내어 읽어 보세요.

1.

A: The garage called this morning. They said they've found a problem with the brake system on the car, which means they're going to charge us more.

B: Did they give you an estimate?

A: Around two hundred dollars, including labor.

B: Why don't we get tickets for the opera festival next week?

A: Have you seen what they cost? There's no way we can afford that much.

B: I guess you're right. Maybe we should just go to a jazz concert instead.

2.

A: Hey, Joseph, what's up?

B: I can't believe it! I'm so excited.

A: Why? What is it?

B: Haven't you seen? Don't you read magazines?

A: What is it?

B: U2 are releasing a new album this month. Look! It's so exciting!

A: Wow, that's exciting. Are you going to buy it?

B: Of course I am. I mean, my weekend job's boring, but it means I have money to spend.

A: Lucky you.

◒ Translate the following sentences into English and Korean.

1. Don't you want to visit the country and cool off, too?
2. Aren't you curious to know about what is hiding underneath the water?
3. Why don't you try these games to make your Christmas party more exciting?
4. 당신은 설레이지 않나요?
5. 그에게 충고를 해 달라고 부탁해 보지 그러니?

〈Answers〉

1. 여러분도 그 나라에 방문해서 열을 식히고 싶지 않나요?
2. 물 밑에 무엇이 숨어있는지에 대해 알고 싶지 않나요?
3. 크리스마스 파티를 더욱 신나게 하기 위해 이런 게임들을 해보는 건 어떨까요?
4. Aren't you excited?
5. Why don't you ask him for his advice?

D. 평범한 글이지만 글의 끝부분이 올라가는 경우

대화를 나눌 때, 사람들은 의문을 나타낼 경우에 평범한 글(평서문<平敍文; Statements)이지만 글의 끝부분에서 목소리를 올린다. (↗) 이런 경우 평범한 글이라고 할지라도 글의 끝부분에 의문표('?')가 붙어서 어조가 올라가게 된다. 반복(repetition), 점검(check)이나 확인(clarification)을 위한 요청인 경우에 글 끝의 어조가 올라간다. 대부분의 경우 말하는 사람의 내용에 포함된 정보가 사실이라는 점을 보여주기 위해 사용된다. 평범한 글이라도 놀라는 경우나 긍정적인 답변을 기대하는 경우에는 구어체에서 글 끝부분의 어조가 올라가면 의문문이 될 수 있다.

Your name? (↗)

It's not possible?

You're leaving already?

I. 다음 영문을 큰소리로 높고 낮게 노래하고 춤을 추듯이 소리를 내어 읽어보세요.

1. Really?
2. You haven't ever been to Alaska?

3. The office is closed on Tuesdays?

4. Analyzing poetry isn't difficult for you?

5. Learning English in a week isn't possible?

II. 다음 대화문을 상황에 맞게 감정을 넣어 소리를 내어 읽어 보세요.

1.

A: You work here?

B: Yeah, it really is.

2.

A: Brandon isn't allergic to cats?

B: Yes, he is.

3.

A: You don't have a bed in your bedroom?

B: No bed. Just a TV. I sleep on a mattress on the floor.

A: Really?

III. 다음 대화문을 상황에 맞게 감정을 넣어 소리를 내어 읽어 보세요.

1.

A: Now, where are my keys?

B: Look on the table, on top of the magazines.

A: Oh, yes. OK. And I need my new tie. The red one.

B: The red one? It's on the chair.

A: Which chair?

B: The one in front of the window.

A: Oh yes. And what about my cap?

B: It's on the sofa—between the cushions.

A: Between the cushions? Oh, OK.

2.

A: Well, I don't worry too much about eating food that are healthy anyway 'cause I take vitamins.

B: Like what?

A: Well ... Uh, every day I take 1,000 milligrams of vitamin C, and uh, 1,000 milligrams of E, B complex—

B: That sounds like a lot!

A: I take herbs, too.

B: Such as?

A: Ginkgo, ginseng—

B: What are those for?

A: They give you energy and help your brain, I think

◒ Translate the following sentences into English and Korean.

1. Wanna play with me and my friends tonight?
2. The food in the school cafeteria isn't very good?
3. You don't have any appointments earlier than 11:00?
4. 다른 어떤 것은요?
5. 그래서 당신은 사무실에서 근무하나요?

〈Answers〉

1. 저와 저의 친구들과 오늘 저녁 함께 놀기를 원하죠?

2. 학교 자율식당에 있는 그 음식은 아주 좋지 않죠?

3. 당신은 11시 보다 더 일찍 어떤 약속이 없죠?

4. Anything else?

5. So you work in an office?

2) 내림 어조(하강어조; Falling Intonation)

평범한 글, 감탄문, 명령문과 의문사로 시작되는 의문문—정보를 얻기 위한 의문문—과 꼬리표 의문문에서 말하는 사람이 내용을 알고 있을 때나 상대방의 동의를 구할 때, 글의 끝부분은 어조가 내려간다. (↘)

A. 평범한 글의 경우

정보나 의견을 제시하는 평범한 글(평서문<平敍文>; Statements)의 경우에서 글 끝부분의 소리가 내려간다. (↘)

I enjoy going to the movies. (↘)

Whatever you say is fine with me.

Computers are used all over the world.

I. 다음 영문을 큰소리로 높고 낮게 노래하고 춤을 추듯이 소리를 내어 읽어 보세요.

1. I'm getting married next year.
2. There are 32 students in the class.
3. This milk is good until November 13th.
4. Tuition at American colleges is very high.
5. This is the best hamburger I can remember eating.

II. 다음 대화문을 상황에 맞게 감정을 넣어 소리를 내어 읽어 보세요.

1.

A: I think he's cute.

B: Cute? Really?

2.

A: Cool! Hey, I have to go! I've got a class in five minutes.

B: OK Sunny. See you later.

3.

A: I take Sophia class three times a week.

B: Sophia, hey that sounds pretty interesting.

A: Yeah, I'm really into it.

III. 다음 대화문을 상황에 맞게 감정을 넣어 소리를 내어 읽어 보세요.

1.

A: Is it easy for you to make friends?

B: No, it's not, frankly. I have a hard time making friends.

A: Hmm.

B: Yes, usually I need someone to introduce me to new people.

A: Can you give me an example?

B: Well, for example, last week I was at a party at my friend Ted's house, and I had to wait for Ted to introduce me to one of his friends—and then I was able to start talking to him.

2.

A: May I help you?

B: Yes, do you have this in a smaller size?

A: I'm sorry. That's the only size we have in blue. We do have it brown, and we have a pretty striped one, too.

B: No, I have to have blue. I have a skirt I want to wear it with. Brown wouldn't really go with the skirt, and stripes don't very good on me.

A: I'm sorry, miss. We don't have the blue one in your size.

B: Well, I guess I won't buy one today, then. Thank you, anyway.

◒ Translate the following sentences into English and Korean.

1. I was there on a business trip last year.
2. Traveling is a lot more fun if you can speak English.
3. These programs make computers faster and easier to use.
4. 세월은 사람을 기다려 주지 않는다.
5. 내 견해로는, 교육은 미래를 해결하는 열쇠이다.

〈Answers〉

1. 나는 작년에 사업차 여행으로 그곳에 있었다.
2. 만약 당신이 영어를 말할 수 있으면 여행하는 것이 훨씬 더 재미있다.
3. 이 프로그램들은 컴퓨터를 사용하는데 더 빠르고 쉽게 한다.
4. Time and tide wait for no man.
5. In my opinion, education is the key to the future.

B. 감탄문의 경우

감탄이나 놀람 그리고 즐거움이나 다른 감정을 표현하는 감탄문(感歎文; Exclamatory sentences)의 경우에서 글 끝부분의 소리는 내려간다. (↘) 감탄문은 감정의 표현이 기본이기 때문에. 감탄문을 말할 때 감정을 넣어서 소리를 내야 한다. 감탄문은 희로애락과 관련된 경우가 대부분이다.

Wonderful! (↘)

That's great!

Wow! Things sure have changed.

I. 다음 영문을 큰소리로 높고 낮게 노래하고 춤을 추듯이 소리를 내어 읽어 보세요.

1. What a mess!
2. It was terrific!
3. Congratulations!
4. Wow! What are you going to do there?
5. Uh-oh! I forgot to invite Aunt Louise to the party!

II. 다음 대화문을 상황에 맞게 감정을 넣어 소리를 내어 읽어 보세요.

1.

A: Hi! How's it going?

B: Great! I just got an "A" on my English test!

2.

A: How do you like my new shirt?

B: Wow! It's wild. The colors are so bright, they hurt my eyes!

3.

A: What have you been doing lately?

B: Well, I went to the beach last weekend.

A: Great! How was it?

III. 다음 대화문을 상황에 맞게 감정을 넣어 소리를 내어 읽어 보세요.

1.

A: What did you do this weekend?

B: I saw a movie.

A: What did you see?

B: That new horror movie at the Grand.

A: Oh, how was it?

B: It was great. Really scary!

2.

A: What's that?

B: It's my new cell phone.

A: Wow! It's really small.

B: Yeah. And listen.

A: That's neat. And I like your sunglasses. They're cool.

B: Thanks.

A: By the way, are these your keys?

B: Oh, yes. They are mine. Thanks. Sorry, I leave my things everywhere!

A: I know. Here's your notebook.

◒ Translate the following sentences into English and Korean.

1. What a relief!

2. I can't believe it!

3. Oh, no! That's terrible.

4. 정말 놀랍구나!

5. 됐어요![그만 두세요!]

<Answers>

1. 어휴 다행이야!

2. 나는 그것을 믿을 수 없어!

3. 아니! 그건 끔찍해

4. What a surprise!

5. Forget it!

C. 명령문의 경우

상대방에게 무엇을 하도록 말하는 명령문(命令文; Commands)의 경우, 글 끝부분의 소리는 내려간다. (↘)

Don't stay up late. (↘)

Turn right at the corner.

Let's go hiking this Sunday.

I. 다음 영문을 큰소리로 높고 낮게 노래하고 춤을 추듯이 소리를 내어 읽어 보세요.

1. Get enough calcium.

2. Don't work too hard.

3. Try not staying out so late.

4. Let's go shopping on Fifth Avenue.

5. Be sure to wear formal clothes to a formal party.

II. 다음 대화문을 상황에 맞게 감정을 넣어 소리를 내어 읽어 보세요.

1.

A: I'm nervous.

B: Don't be nervous. This class is easy.

2.

A: I'm at Prada Hotel. How do I get to the post office?

B: Take Main Street to Second Street. Then turn left. It's the second building on your right.

3.

A: Where are you working now, Cindy?

B: I just started as a chef in an Italian restaurant. Come and try my food.

A: Hey, great!

III. 다음 대화문을 상황에 맞게 감정을 넣어 소리를 내어 읽어 보세요.

1.

A: Finally! I called you over 40 minutes ago. Usually they get here in about 14 minutes. I have a meeting in 15 minutes.

B: Sorry, the traffic past the stadium was terrible because of the baseball game, Where to?

A: It's your job to know these things. Take me to the United insurance building at 46th Street and Elm. And make it quick.

B: Don't worry, I know a shortcut past the farmers' market that will get us there in five minutes.

2.

A: Excuse me. Is anyone sitting here?

B: No. Go ahead and have a seat.

A: So, I haven't seen you in classes before. Are you new here?

B: Yes, this is my first day here. I'm a little nervous.

A: Oh, don't be nervous. This teacher's great.

B: Oh. That's good. So, uh, where are you from?

A: South Korea.

B: South Korea! Oh, wow! I'd love to learn more about South Korea. Do you have time for a cup of coffee after class?

A: Sure. Why not?

◒ Translate the following sentences into English and Korean.

1. Be careful you don't hit your head.
2. Stop exercising if you feel the pain.
3. Please let us know if you are unable to attend.
4. 잔디에 들어가지 마시오.
5. 집 문 잠갔는지 확인해라.

〈Answers〉

1. 머리를 부딪히지 않도록 조심하시오.
2. 고통이 느껴지면 운동을 중단하세요.
3. 만일 참석할 수 없다면 저희에게 알려주십시오.
4. Keep off the grass.
5. Make sure you lock up the house.

1.

A: Excuse me. Where's the library?

B: It's not far from her. Go toward the student center.

A: Up that big hill?

B: That's right. Then turn right.

D. 의문사 의문문의 경우

정보를 얻기 위해서 묻는 의문사 의문문(疑問詞 疑問文; WH-Questions)에서 글의 끝부분의 소리는 내려간다. (↘) 의문사 의문문은 의문사—5W 1H—로 시작되는 의문문이다. 의문사 의문문은 기본형—who/whose/whom, when, where, what, why, how—과 응용형—which+명사, how+형용사/부사 등—이 있다.

Where are you from? (↘)

Who are you calling?

Why don't you move out?

What time does the bank open?

Which boots do you like better?

How many restaurants are there?

I. 다음 영문을 큰소리로 높고 낮게 노래하고 춤을 추듯이 소리를 내어 읽어 보세요.

1. How early do the trains run?
2. What do usually do on weekends?
3. Which hotel is closest to the airport?
4. Who should sign the purchase order?
5. Where are you working this summer, Sophia?

II. 다음 대화문을 상황에 맞게 감정을 넣어 소리를 내어 읽어 보세요.

1.

A: Why do you like the red boots better?

B: I like them because they're more stylish than the white ones.

2.

A: How much longer should we wait for them to arrive?

B: Let's just wait another few minutes.

3.

A: What did you do last weekend?

B: I went to a basketball game.

A: That sounds great.

III. 다음 대화문을 상황에 맞게 감정을 넣어 소리를 내어 읽어 보세요.

1.

A: May I help you?

B: Yeah, how much is the CD player?

A: Let's see ... Oh, it's on sale right now. It's only seventy-five ninety-six.

B: Wow, that's cheap.

A: Yes, it's a very cheap.

B: Hmm.

2.

A: Excuse me. Could you help me? I'd like to exchange this sweater.

B: What's the problem with it?

A: It was a birthday gift, but I don't really like it. I think I want something plainer.

B: I see . . . Well, why don't you look around?

C: I like these two, Denis. Try them on.

A: OK. So, which one do you like?

C: I like the red one much better than the black one.

A: Really? How come? I kind of like the black one.

C: The red one is longer and a little looser so it will be more comfortable.

A: True . . . and it feels softer.

B: And that color looks better on you. Actually, it's a better quality and it's the same price as the sweater you're exciting.

A: You've talked me into it! I'll take this one instead.

B: No problem. I'll switch them for you.

◒ Translate the following sentences into English and Korean.

1. Where can you get a good meal?
2. When would you be able to start?
3. Why do you think people get divorced?
4. 얼마나 자주 버스가 떠나나요?
5. 당신은 보통 누구와 함께 낚시를 갑니까?

〈Answers〉

1. 당신은 어디서 좋은 식사를 할 수 있습니까?
2. 당신은 언제 떠날 수 있을까요?
3. 당신은 사람들이 이혼하는 이유가 무엇이라고 생각합니까?
4. How often do the buses leave?

5. Who do you usually go fishing with?

E. 꼬리표 의문문에서 글의 끝부분이 내려가는 경우

말하는 사람이 대답할 사람의 답변을 이미 알고 있을 때나 말하는 사람이 생각하고 있는 것이 옳다고 생각하는 것을 확인하기 위해, 상대방의 동의를 구하고자 하는 꼬리표 의문문(부가 의문문<附加疑問文>; Tag questions)에서 글 끝부분의 소리는 내려간다. (↘)

그리고 글의 끝부분이 긍정이든 부정이든 함께 쓸 수 있는 또 다른 구어체 표현은 '~, right?'이다. 이 경우에도 글의 끝부분에서 목소리를 내리면서 말하게 된다. (↘)

1. You're not leaving, right? (↘)
2. You're name is Douglas, right?
3. Samantha's majoring in business, right?

또한 이와 마찬가지로 쓰이는 구어체 표현의 부가 의문문은 '~, huh?', '~, okay?' 또는 '~, OK?' 입니다. 이런 예문들은 다음과 같다.

1. The pool is warm, huh?
2. So, I guess you don't miss that, huh?
3. Let's meet at the movie theater at six o'clock, okay?
4. Jane's going to Yale in the fall. She must be smart, huh?
5. It's been really nice talking to you. Let's get together again soon, OK?

I. 다음 영문을 큰소리로 높고 낮게 노래하고 춤을 추듯이 소리를 내어 읽어 보세요.

1. Beautiful day, isn't it?

2. The test wasn't very hard, was it?

3. You won't drive too fast, will you?

4. You always get a career-related summer job, huh?

5. There weren't many people at the party, were there?

II. 다음 대화문을 상황에 맞게 감정을 넣어 소리를 내어 읽어 보세요.

1.

A: Rutina loves to talk, doesn't she? (↘)

B: Yeah. She never stops, and she never listens either.

2.

A: You've learned a lot from sports, haven't you? (↘)

B: Oh yeah. I've definitely learned a lot from sports.

3.

A: This is fun, isn't it? (↘)

B: Yes, it is. I really enjoy cooking.

A: But eating is even better!

III. 다음 대화문을 상황에 맞게 감정을 넣어 소리를 내어 읽어 보세요.

1.

A: You broke that vase, didn't you? (↘)

B: Yes, I did. I dropped it. I'm sorry.

A: You'll replace it, won't you?

B: Yes, of course I will. How much did it cost?

A: $250.

B: $250?! It wasn't that much, was it?

2.

A: You don't really want to go out with me any more, do you?

B: Of course I do. But I need a bit of time to myself sometimes.

A: You get plenty of time to yourself, don't you?

B: Jane, you know what I feel for you. I've told you enough times, haven't I?

A: Yes, you have. And you're quite happy, aren't you? You don't mind, do you? The situation doesn't bother you, does it?

B: Why are we arguing? There's nothing to argue about, is there?

A: You can't ever look at things from my point of view, can you?

◒ Translate the following sentences into English and Korean.

1. These sweaters are nice, aren't they?
2. There's something wrong with this one, isn't there?
3. It's a bit expensive. You haven't got anything cheaper, have you?
4. 그것은 멋진 쇼였지?
5. 날씨가 상당히 따뜻하지?

<Answers>

1. 이 스웨터는 좋지?
2. 이게 무언가 잘못되었단 말이지?
3. 그것은 약간 비싸네요. 당신은 좀 더 싼 것을 갖고 있지 않죠?
4. It was a super show, wasn't it?
5. It's quite warm, isn't it?

2 뒤섞인 어조

뒤섞인 어조 또는 혼합어조는 한 개의 글에서 억양이 올라갔다가 내려가는 경우를 말한다. 뒤섞인 어조는 A. 비슷한 어구가 열거되는 경우, B. 한 개의 글 안에 두 개 이상의 의미 묶음이 있는 경우와 3. 선택 의문문의 경우에 일어난다.

A. 비슷한 어구가 열거되어 있는 경우

and나 or 등으로 연결된 열거문(列擧文)에서 각각의 비슷한 내용의 어구를 차례대로 소리를 올려 내다가,(↗) 마지막에 소리를 내린다.(↘) 이와 같이 비슷한 어구가 열거되어 있는 경우에는 뒤섞인 어조(혼합어조; Mixed Intonation)로 소리를 내게 된다.

I play golf (↗) and tennis every week. (↘)

You can adjust the seat and she'll love this bell.

John Lennon was a singer, songwriter and musician.

You are going out to buy lunch, dinner, or a snack for three classmates.

I. 다음 영문을 큰소리로 높고 낮게 노래하고 춤을 추듯이 소리를 내어 읽어 보세요.

1. How many brothers and sisters do you have?
2. Would you rather listen to classical music, pop, or jazz?
3. Choose a diet with plenty of vegetables, fruits, and grain products.
4. To be a computer animator, you have to be patient, work hard and be creative.
5. I want to find out what's happening at home and I haven't had a chance to read the newspaper today.

II. 다음 대화문을 상황에 맞게 감정을 넣어 소리를 내어 읽어 보세요.

1.

A: Would you like to come in and have a look around?

B: Some other time, thanks. We don't really have the time right now.

2.

A: It's really close to the subway station, and there's a bus stop right across the street. This is a great station.

B: Mmm. That's convenient.

3.

A: Which one is Michael?

B: He's wearing a dark suit and a tie . . . and sneakers.

A: Sneakers? OK. Thanks.

III. 다음 대화문을 상황에 맞게 감정을 넣어 소리를 내어 읽어 보세요.

1.

A: What kind of juices do you have?

B: We have orange, tomato, apple, and grapefruit.

A: I'd like apple juice please, but with no ice, please.

B: OK. Thank you.

2.

A: What do you usually do on Saturday?

B: I usually get up early and go for a run in the morning. Then I meet my friends and we have brunch together.

A: What about in the afternoon?

B: In the afternoon I often see a movie or go over to my friend's house.

A: And do you ever play sports on the weekend?

B: Yeah, sometimes I play tennis.

A: I love tennis. Why don't we play together sometime?

B: Sure. That sounds great.

◒ Translate the following sentences into English and Korean.

1. You want to perform in front of people, travel, and wear blue jeans.
2. It has three chairs, two beds on the floor, and a wood-burning stove.
3. It's got two bedrooms, a living room, and a huge kitchen and bathroom.
4. 두 블록을 죽 가서 오른쪽으로 도세요.
5. 당신은 비행기, 기차나 버스 가운데 무엇으로 여행하는 것을 더 좋아합니까?

〈Answers〉

1. 당신은 사람들 앞에서 공연하거나 여행을 하거나 청바지 입기를 원합니다.
2. 그것은 세 개의 의자와 마루에 두 개의 침대와 나무를 연소시켜내는 스토브를 갖고 있습니다.
3. 그것은 두 개의 침대와 한 개의 거실 그리고 큼지막한 부엌과 욕실을 갖고 있습니다.
4. Go straight for two blocks and turn right.
5. Do you prefer traveling by air, train, or bus?

B. 한 개의 글 안에 두 개 이상의 의미 묶음이 있는 경우

한 개의 글 안에 두 개 이상의 의미 묶음(sense group)이 있는 경우, 앞부분의 의미 묶음의 끝을 약간 올려서(↗) 소리를 낸다.

When you study, (↗) reciting the main ideas is also a good idea.

The more expensive the computer, the easier to use it is.

In many Greek legends, the hero gets supernatural help from a god or goddess.

I. 다음 영문을 큰소리로 높고 낮게 노래하고 춤을 추듯이 소리를 내어 읽어 보세요.

1. We've got to study hard for tomorrow's test.
2. I'm looking for a job as a computer programmer.
3. I can't work this summer 'cause I have to go to school.
4. When you have the information, I can help you organize it.
5. I don't have a computer, but I could do some research at the library.

II. 다음 대화문을 상황에 맞게 감정을 넣어 소리를 내어 읽어 보세요.

1.

A: I think the best way to get in shape is to join a health club.

B: Yeah, I think so too.

2.

A: I have a lot of things to do today, but I don't have much time. Can you give me a hand?

B: Sure. What do you want me to do?

3.

A: Are chimpanzees intelligent?

B: In my opinion, they are very intelligent.

A: I'm not so sure about that.

III. 다음 대화문을 상황에 맞게 감정을 넣어 소리를 내어 읽어 보세요.

1.

A: I don't know what to major in.

B: What do you like?

A: I like music, but it's not very practical. What should I do?

B: How about studying music and business?

A: Good idea.

B: Then you can work in the music business.

A: I don't know...

2.

A: Which job are you applying for?

B: I'm applying for a job as a cook.

A: A cook? Do you have any experience?

B: Yes, I do. I was a cook in a fast food restaurant for 3 years.

A: Is that so? Where did you work?

B: At Domino Burger.

A: Domino Burger? Was that a challenging job for you?

B: Yes, it was very challenging. But I enjoyed it.

◒ Translate the following sentences into English and Korean.

1. The train doesn't stop near our house, so they take the bus.
2. Well, if you don't mind, I'd rather not have people smoke inside.
3. My English wasn't very good, so I took English classes for two years first.
4. 울리고 나서 우리들에게 메시지를 남기세요.
5. 그들은 배가 고프지 않았기 때문에, 저녁을 먹지 않았습니다.

〈Answers〉

1. 그 기차는 우리 집 가까이에 멈추지 않습니다. 그래서 그들은 버스를 탑니다.
2. 글쎄요, 만약 당신이 꺼려하지 않으면, 사람들이 실내에서 담배를 피우지 않는 것을 저는 오히려 좋아합니다.
3. 저의 영어실력은 아주 좋지 않았습니다. 그래서 저는 2년 동안 영어수업을 먼저 들었습니다.
4. Please leave us a message after the tone.
5. They didn't eat dinner because they weren't hungry.

C. 선택 의문문의 경우

선택을 나타내는 의문문 즉, 선택 의문문(選擇 疑問文; Choice/Alternative questions/Stating alternatives/Either questions/Or questions)은 일반적으로 둘 가운데 한 가지를 선택하는 형태의 의문문이다. 이 때 선택을 위해 쓰이는 연결장치인 접속사는 or이다. 이런 의문문은 or 앞에서는 억양이 올라갔다가(↗) or 뒤에서는 억양이 내려간다.(↘)

Are you for (↗) or against the proposal? (↘)
(당신은 그 제안에 찬성하세요 반대하세요?)

Would you rather walk or take the bus?

(걸어가고 싶으세요 아니면 버스를 타시겠어요?)

We'd better leave now or we'll miss the bus.

(우리 지금 출발하는 게 좋겠어. 안 그럼 버스를 놓칠 거야.)

그러나 말하는 사람의 목소리가 끝부분에도 올라가면 그래요 또는 아니요 의문문(Yes/No Questions)이 되어 'Yes'나 'No'로 답을 하게 된다.

1.

A: Are you free Saturday(↗) or Sunday(↗)?

B: No.

2.

A: Would you like to come in on Monday(↗) or Tuesday(↗)?

B: Yes.

3.

A: Do you want to get together to study Wednesday(↗) or Thursday(↗)?

B: Sure.

I. 다음 영문을 큰소리로 높고 낮게 노래하고 춤을 추듯이 소리를 내어 읽어 보세요.

1. Do you live in a big city or a small town?
2. Which do you prefer, Italian or French food?
3. Are you going to the library tomorrow or Saturday?
4. Bebe and Bell sleep on the sofa for three or four hours.
5. Would you prefer I use a credit card or pay cash for the purchase?

II. 다음 영문을 상황에 맞게 감정을 넣어 소리를 내어 읽어 보세요.

1.

A: Are you free Saturday or Sunday?

B: Sunday.

2.

A: I'd like to go to the airport, please.

B: Sure. Would you like me to take the freeway or do you want to go through the city?

3.

A: Is she in her teens or her twenties?

B: I think she's in her twenties. She's really nice. Do you want to meet her?

A: Yeah. Sure.

III. 다음 영문을 상황에 맞게 감정을 넣어 소리를 내어 읽어 보세요.

1.

A: What do you usually have for breakfast at home, Eugene?

B: I usually have rice and soup.

A: Yeah? And what do you have to drink?

B: Oh, I usually have juice or milk.

A: Do you like coffee?

B: Yes, it's OK. But I don't drink a lot of coffee.

A: What's your favorite drink?

B: I guess it's soda.

2.

A: How's your new apartment, Natalie?

B: Well, it's not very big. I have a small bedroom, a kitchen, and a bathroom. But there's no dining room or living room.

A: No dining room or living room? That's too bad. What are the other rooms like?

B: Well, I love my bedroom. It has three windows. On a sunny day, I have a really nice view of the city.

A: Do you have a lot of furniture?

B: No, not really. I have a sofa and a small coffee table. They're not great, but they're OK. There's also a television. But there are no bookshelves. I have a lot of books, so I really need bookshelves!

◒ Translate the following sentences into English and Korean.

1. Are you going to wedding or something?
2. Would you rather work for someone else or be self-employed?
3. Is it possible to have universal business ethics, or do cultural beliefs and values vary too much?
4. 지금 당장 만날까요, 아니면 오늘 늦게 만날까요?
5. 당신은 수업시간에 공부하는 것을 더 좋아합니까, 아니면 개인 교습 받는 것을 더 좋아 합니까?

〈Answers〉

1. 당신은 결혼식 같은 곳에 가려고 합니까?
2. 당신은 다른 사람을 위해 일하고 싶습니까, 아니면 자영업을 하고 싶습니까?
3. 보편적인 사업윤리를 갖는 것이 가능할까요, 아니면 문화적인 신념과 가치가 상당히 변할까요?
4. Do you prefer studying in a class or with a private tutor?
5. Would you like to get together right now, or later on today?

PART 5

한국어에 없는 영어 소리

1 [p]와 [f]

2 [l]과 [r]

3 [b]와 [v]

4 [s]와 [θ]

5 [d]와 [ð]

한국어에 없는 영어 소리에는 어떤 것들이 있을까? 우리에게 잘 들리지 않고, 우리가 제대로 발음할 수 없는 경우는 영어에는 있는데 한국어에는 없는 철자인 경우이다. 여기에 해당되는 철자는 f, l, r, v와 th이다. 한국어에 없는 소리이기 때문에 제대로 발음할 수 없고 또한 표기할 수 없다. 그렇지만 극복하는 방법은 연습을 통해 소리로서만 익힐 수밖에 없다.

한국인이 틀리기 쉬운 영어소리의 최소쌍(minimal pair)은 1. [p]와 [f], 2.[l]과 [r], 3. [b]와 [v], 4. [s]와 [θ] 및 5. [d]와 [ð] 등이다. 여기에 있는 다섯 부분에 대한 최소쌍만 제대로 익혀도 대부분의 한국 사람들이 틀리는 영어발음은 상당한 부분 고칠 수 있다고 생각된다.

1 [p]와 [f]

[p]와 [f]의 최소쌍 가운데 한국 사람들은 [p]는 발음을 잘 낼 수 있는데 반해, [f]는 제대로 낼 수 없다. 그 이유는 한국어에 그런 소리가 없기 때문이다. 그렇다면 소리를 내는 방식을 알고 연습만 하면 충분히 제대로 발음을 할 수 있다. [p]는 두 입술을 부딪치면서 소리를 내고, [f]는 윗니가 아래 입술에 닿을락말락한 상태에서 소리를 내면 된다.

* 다음 낱말을 통해 [p]와 [f]의 소리를 연습해 보세요.

- cop와 cough
- cups와 cuffs
- copy와 coffee
- leap와 leaf
- paint와 faint
- past와 fast
- pine과 fine
- pool과 fool
- pride와 fried
- pun와 fun
- wipe와 wife 등.

It won't fit in the pit.

The puppy looks puffy.

The chief wants it cheap.

I. 다음 글에서 [f]의 소리를 연습해 보세요.

1. The fish are for sale.
2. They're on a factory floor.
3. A woman is filling out a form.
4. The floor is fourteen feet long.
5. The fire fighters are filling their buckets.

II. 다음 글에서 [p]의 소리를 연습해 보세요.

1. The men are playing pool.
2. The painter is painting a picture.
3. They're on stage performing a play.
4. The baker puts the pastry in the oven.
5. The men are playing board games in the pool.

III. 다음 영문을 큰소리로 높고 낮게 노래하고 춤을 추듯이 소리를 내어 읽어보세요.

1. He's preparing food.
2. The parking lot is full.
3. He faints when he paints.
4. The riders pay their fares.
5. The players are on the field.

2 [l]과 [r]

[l]과 [r]의 최소쌍 가운데 한국 사람들은 [l]과 [r] 둘 다 발음을 제대로 낼 수 없다. 그 이유는 둘 다 한국어에 그런 소리가 없기 때문이다. 그렇다면 소리를 내는 방식을 알고 연습만 하면 충분히 제대로 발음을 할 수 있다. [l]은 혀를 입천장에 닿도록 하면서 내는 소리이다. 그리고 [r]은 혀를 약간 구부린 상태에서 혀의 위와 아래 빈 공간으로 소리를 내면 된다.

* 다음 낱말을 통해 [l]과 [r]의 소리를 연습해 보세요.

- clue와 crew
- files와 fires
- flee와 free
- glass와 grass
- glow와 grow
- laces와 races
- lane와 rain
- lead와read
- left와 right
- light와 right
- link와 rink
- lock와 rock
- low와 row
- lust와 rust
- play와 pray 등.

Are they free to flee?

There is a light on the right.

They were late in announcing the rate.

I. 다음 글에서 [l]의 소리를 연습해 보세요.

1. The fish are for sale.
2. She's holding the fruit
3. She's playing music on the flute.
4. You'll be hearing us from us very soon.
5. That's me in the middle. That's my oldest niece, Michelle, on the left.

II. 다음 글에서 [r]의 소리를 연습해 보세요.

1. They enjoy rafting.
2. He's repairing the net.
3. She's reading the manual.
4. Soon afterwards he separated from his wife.
5. The crowd is watching the motorcycle races.

III. 다음 영문을 큰소리로 높고 낮게 노래하고 춤을 추듯이 소리를 내어 읽어보세요.

1. Bowling is boring.
2. He's returning the ball.
3. Here is the bill for the beer.
4. The truck is in the right lane.
5. The library is closed for repairs.

3 [b]와 [v]

[b]와 [v]의 최소쌍 가운데 한국 사람들은 [b]는 발음을 잘 낼 수 있는데 반해, [v]는 제대로 낼 수 없다. 그 이유는 한국어에 그런 소리가 없기 때문이다. 그렇다면 소리를 내는 방식을 알고 연습만 하면 충분히 제대로 발음을 할 수 있다. [b]는 두 입술을 부딪치면서 소리를 내고, [v]는 윗니가 아래 입술에 약간만 닿은 상태에서 소리를 내면 된다.

＊ 다음 낱말을 통해 [b]와 [v]의 소리를 연습해 보세요.

- curved와 curbed - loaves와 lobes - lover와 lubber
- marvel와 marble - van과 ban - vanish와 banish
- vat와 bat - vend와 bend - very와 berry
- vest와 best - vote와 boat - vow와 bow 등.

The vent was bent.

That marble is a marvel.

Did they vote on the boat?

I. 다음 글에서 [b]의 소리를 연습해 보세요.

1. He was an active bisexual.
2. The ballot box is under the table.
3. Both sisters bit their nails as children.
4. Rachel said she would be too busy to come.
5. Pour the melted butter into a large mixing bowl.

II. 다음 글에서 [v]의 소리를 연습해 보세요.

1. Lizzie used to play the violin.
2. There is a large vase on the table in the lobby.
3. He lives in a secluded five-bedroom luxury villa.
4. The two are vying for the support of New York voters.
5. This wine is from one of the two best vintages of the decade in this region.

III. 다음 영문을 큰소리로 높고 낮게 노래하고 춤을 추듯이 소리를 내어 읽어보세요.

1. The vest is best.
2. The mattress is best on a solid bed base.
3. They are repairing the curb on the curve.
4. They came to power in 1975 after a bloody civil war.
5. It was the birth of his grandchildren which gave him great pleasure.

4 [s]와 [θ]

[s]와 [θ]의 최소쌍 가운데 한국 사람들은 [s]는 발음을 잘 낼 수 있는데 반해, [θ]는 제대로 낼 수 없다. 그 이유는 한국어에 그런 소리가 없기 때문이다. 그렇다면 소리를 내는 방식을 알고 연습만 하면 충분히 제대로 발음을 할 수 있다. [s]는 입안에서 밖으로 소리 내면 되고, [θ]는 혀를 윗니와 아랫니 사이에 넣은 상태애서 소리를 내면 된다.

* 다음 낱말을 통해 [s]와 [ ]의 소리를 연습해 보세요.

- bath와 bass
- math와 mass
- mouth-mouse
- path와 pass
- thank와 sank
- theme와 seem
- thick과 sick
- thigh와 sigh
- thin과 sin
- thing-sing
- think-sink
- thumb와 some
- worth와 worse 등.

Being thin is no sin.

I don't think it will sink.

Besides being mossy it is all mothy.

I. 다음 글에서 [s]의 소리를 연습해 보세요.

1. The sink was full of dirty dishes.
2. Than night he sank in a deep coma.
3. He shared a pizza with his son Laurence.
4. He realized right away that there was something wrong.
5. I certainly think that there should be a ban on tobacco advertising.

II. 다음 글에서 [ ]의 소리를 연습해 보세요.

1. If a baby is thirsty, it feeds more often.
2. Many people thrive on a stressful lifestyles.
3. The third Thursday of November is Thanksgiving.
4. If we went to the theater, it was a very big event.
5. The seedy thieves threatened three dozen Southern mothers.

III. 다음 영문을 큰소리로 높고 낮게 노래하고 춤을 추듯이 소리를 내어 읽어보세요.

1. We saw the thaw.
2. Their Gross shows a steady growth.
3. His casual, relaxed manner was very soothing.
4. The theme of the conference is renaissance Europe.
5. Some couples see single women as a threat to their relationships.

5 [d]와 [ð]

[d]와 [ð]의 최소쌍 가운데 한국 사람들은 [d]는 발음을 잘 낼 수 있는데 반해, [ð]는 제대로 낼 수 없다. 그 이유는 한국어에 그런 소리가 없기 때문이다. 그렇다면 소리를 내는 방식을 알고 연습만 하면 충분히 제대로 발음을 할 수 있다. [d]는 입의 위 부분 천정에 혀를 약간 부딪치면서 소리를 내면 되고, [ð]는 혀를 윗니와 아랫니 사이에 넣은 상에서 소리를 내면 된다. 위의 [ð]와 소리를 내는 방식은 같은데, 이 스펠링 다음에 따르는 요소들에 따라 [ð]로 소리가 나기도 하고, [θ]로 소리가 나기도 한다.

＊ 다음 낱말을 통해 [d]와 [ð]의 소리를 연습해 보세요.

- breathing과 breeding
- breed와 breathe
- Dan과 than
- dare와 their
- day와 they
- den과 then
- die와 thy
- dough와 those
- doze와 those
- ladder와 lather
- load와 loathe
- loads와 loathes
- reading과 wreathing
- ride와 writhe
- wordiness와 worthiness
- wordy와 wordy 등.

They sooth / sued him.

It's forbidden to those / doze in class.

That teacher loathes / loads his students.

I. 다음 글에서 [d]의 소리를 연습해 보세요.

1. Drink whenever you feel thirsty during exercise.
2. It has 25 calories less than ordinary ice cream.
3. I drove into town and went to a restaurant for dinner.

4. Troops were sent to the islands to restore order last November.
5. Creative people are usually very determined and thrive on overcoming obstacles.

II. 다음 글에서 [ð]의 소리를 연습해 보세요.

1. What are those for?
2. They all seemed to be enjoying themselves.
3. Go straight through that door under the EXIT sign.
4. This is tricky, though, and you'll need expert advice.
5. I understand that there are a number of projects going on.

III. 다음 영문을 큰소리로 높고 낮게 노래하고 춤을 추듯이 소리를 내어 읽어보세요.

1. I don't dare go there.
2. By then he'll be in the den.
3. He loathes carrying big loads.
4. Are those the men who doze?
5. How does this breed manage to breathe?

PART 6

미국영어와 영국영어

1 미국영어와 영국영어의 발음 차이

미국영어(American English)와 영국영어(British English)는 여러 가지 면에서 차이가 난다. 특히 한국인은 미국영어 영향권 아래에 있기 때문에 영국영어를 만나게 되면 이상하게 여기기도 하고 어색해하거나 아니면 당황하게 된다. 그렇지만 영국영어가 전 세계적으로 사용 범위가 넓고, 기본적으로 국제적인 의사소통 도구이기 때문에 기본적으로 익혀 놓아야 한다. 그리고 TOEIC 듣기 시험에 녹음된 목소리가 미국영어뿐만 아니라 영국영어 발음이 있기 때문에 여러 가지 면에서 영국영어를 익혀서 익숙해질 수 있도록 해야 한다.

가끔 같은 영어인데도 영국영어로 소리를 듣게 되면 낯설어하거나 당황해하는 영어 학습자들이 많다. 이런 경우 대부분 미국영어와 영국영어의 차이에서 비롯된다. 우리나라에서는 여러 가지 이유로 영어 학습자들이 미국영어에 노출되어 영어 학습을 해 왔기 때문에 영국영어에 노출되게 되면 어색한 상황이 발생하는 경우가 많다. 그렇지만 전세계적으로는 영국영어가 더 많은 분포가 이루어지고 있는 것이 사실이다. 국제적인 의사소통의 도구면에서 보면 영국영어이든 미국영어이든 어느 정도 알아듣고 말을 해야 한다.

미국영어와 영국영어는 대부분 같다. 그렇지만 같지 않은 경우가 있다. 발음면에서 차이가 나는 경우, 철자가 차이가 나는 경우, 어휘 표현이 차이가 나는 경우—같은 사물이나 대상을 다르게 표현하는 경우와 같은 단어가 의미가 다르게 표현되는 경우—, 문법면에서 차이가 나는 경우, 표기면에서 차이가 나는 경우가 있다. 이 가운데 소리면에서 차이가 나는 대표적인 경우를 익혀두는 것은 필요하다. 미국영어와 영국영어는 올라가고 내려가는 소리가 일정한 규칙으로 진행되는 고저언어(pitch language)인 점은 같다. 이것은 영어의 기본적인 특성이기 때문이다. 그런데 우리나라 사람들의 입장에서 보면, 미국영어는 좀 더 부드럽고 매끄러운 느낌이 들고, 영국영어는 약간 투박하면서 거친 듯한 느낌이 든다. 그리고 소리변화에서 동화 가운데 단타음화 경향이 두드러진 것은 미국영어이다.

소리와 관련된 미국영어와 영국영어의 차이에서 제일 먼저 생각해야 될 것이 철자에 따른 발음의 차이다. 이 가운데 철자 a와 o의 발음 차이는 기본적으로 이해해야 할 미국영어와 영국영어이다. 우리나라에서는 미국영어와 영국영어의 차이를 모른 채 뒤섞여 있는 경우가 많다.

철자의 경우, 1) organization(미국영어), organisation(영국영어), 2) color(미국영어), colour(영국영어)와) labor(미국영어), labour(영국영어), 3) traveler(미국영어), traveller(영국영어), 4) program(미국영어), programme(영국영어), 5) center(미국영어), centre(영국영어)와 theater(미국영어), theatre(영국영어), 6) defense(미국영어), defence(영국영어), 7) dialog(미국영어), dialogue(영국영어), 7) check(미국영어), cheque(영국영어) 등 많이 있다. 어휘의 경우, ① 같은 사물이나 대상을 다르게 표현하는 경우와 ② 같은 단어가 의미가 다르게 표현되는 경우가 있다. ① 같은 사물이나 대상을 다르게 표현하는 경우, elevator(미국영어), lift(영국영어), gas 또는 gasoline(미국영어), petrol(영국영어) 등이 있다. ② 같은 단어가 의미가 다르게 표현되는 경우, '지하철'을 subway(미국영어), underground 또는 tube(영국영어)/ '가을'을 fall(미국영어), autumn(영국영어)/ '사탕'을 candy(미국영어), sweets(영국영어)/ '계산서'를 check(미국영어), bill(영국영어)/ '쓰레기'를 rubbish(미국영어), trash(영국영어)/ '아파트'를 'apartment'(미국영어), flat(영국영어) 등으로 다르게 나타낸다. 표기면 여러 가지 가운데 한 가지만 예를 들면, 마침표를 찍는 것은 미국영어이고, 마침표를 찍지 않는 것은 영국영어이다.

One day Dr. Rosemary lost his temper and threw a book at me.(미국영어)

One day Dr Rosemary lost his temper and threw a book at me.(영국영어)

그런데 여기서는 소리중심으로 미국영어와 영국영어의 차이점 가운데 우리들이 먼저 알아야 할 철자 a, o, r과 l의 소리에 대해 간단히 설명하고자 한다.

1 미국영어와 영국영어의 발음 차이

1) 철자 a의 경우

일반적으로 철자 a의 경우 미국영어는 '애~'[æ]에 가깝게, 영국영어는 '아~'[a]에 가깝게 소리를 낸다. 예는 after, answer, ask, basket, bath, can't, castle, class, classroom, dance, glasses, half, last, laugh, past, path와 sample 등이 있다.

I. 다음 영문을 큰소리로 높고 낮게 노래하고 춤을 추듯이 소리를 내어 읽어 보세요.

1. I can't speak French.
2. Did you ask the price?
3. I'm going to go after work.
4. Please save the next dance for me.
5. The last thing I wanted to do was teach.
6. I can't easily give an answer to your question.
7. When he heard my funny story, he gave a loud laugh.
8. The teacher arrived in the classroom before the students.
9. Do you think you could visit the Taylorville branch on Tuesday?
10. I knew from past experience that alternative therapies could help.

II. 다음 영문을 상황에 맞게 감정을 넣어 소리를 내어 읽어 보세요.

1.

A: When do we need to submit out planning application?

B: Next Tuesday at the latest.

2.

A: Are you going running this afternoon or would you rather play tennis?

B: Sounds like fun. I'll meet you down at the court, say, around five.

3.

A: That was an amazing show. Over one hundred works in such a small gallery.

B: I found it very crowded. The paintings were hung so close together and the sculpture were packed into the corners.

A: We shoud come back when there are less people. Until then you can read through the catalog that I bought on my way out.

III. 다음 영문을 상황에 맞게 감정을 넣어 소리를 내어 읽어 보세요.

1.

A: Hi Carl ... is that a health magazine you're reading?

B: Yes. I'm trying to lose weight.

A: Really? I lost five kilos last year.

B: Five kilos! Wow! Hey, maybe you could give me some hints, you know like what to eat, what to drink ...

A: Hmm, OK ... well drink lots of water every day – at least eight glasses.

B: OK. Lots of water. Got that. What about food?

A: Eat lots of raw vegetables. Carrots and celery are good.

B: I could do that!

2.

A: Say, Andrew, can I ask you something?

B: Yes, what do you want to know?

A: What are you planning to do after graduation?

B: Oh, I'm thinking of traveling around the world for a year. Have you ever done that?

A: No, but it sure sounds great. Do you have enough money?

B: Yes, I do. I've just finished my budget. I saved a lot from my part-time job. I have over a thousand dollars to spend.

A: Where are you thinking of going?

B: Well, first I'm planning to go to Asia. Next I'll probably go to Australia.

A: What will you do when you finish your trip?

B: Hmm ... maybe I'll come back and show you my travel pictures.

A: I'll look forward to seeing them!

◒ Translate the following sentences into English and Korean.

1. Why don't you ask her advice?
2. And they all lived happily ever after.
3. I rang the bell, but there was no answer.
4. 십오 번 문제의 답을 아니?
5. 그가 내게 어디 사느냐고 물었다.

〈Answers〉

1. 그녀의 충고를 요청해 보지 그러니?
2. 그리고 그후 그들은 모두 내내 행복하게 살았다.
3. 내가 초인종을 울렸지만 아무런 응답이 없었다.

4.. Do you know the answer to question 15?

5. He asked where I lived.

2) 철자 o의 경우

일반적으로 철자 o의 경우 미국영어는 '아~'[a:]에 가깝게, 영국영어는 '오~'[ɔ]에 가깝게 소리를 낸다. 예로는 body, bottom, box, doctor, fox, got, honest, hot, job, not, pop, rock, shot와 stop 등이 있다.

A: Why did you leave your job?

B: I wanted more responsibility.

I. 다음 영문을 큰소리로 높고 낮게 노래하고 춤을 추듯이 소리를 내어 읽어 보세요.

1. The weather is hot today.
2. I was not in Britain at the time.
3. I know nothing about pop music.
4. The hills above the valley are bare rock.
5. I put on the brakes and the car stopped.
6. He is honest in his business with others.
7. Answers can be found at the bottom of page 12.
8. I visited the doctor yesterday for a medical examination.
9. The fox crept into the farmyard and killed our chickens.
10. He dedicated himself body and soul to the education of young men.

II. 다음 영문을 상황에 맞게 감정을 넣어 소리를 내어 읽어 보세요.

1.

A: Could you please show me how to use these chopsticks?

B: Gladly. You first have to learn how to hold them.

2.

A: The personnel manager has organized a training workshop this Friday.

B: Yes, I heard. I'd like to go, but that's the day I visit my clients.

3.

A: Are you going to do anything special in Vancouver?

B: We'll probably do a lot of sailing.

A: That sounds fabulous!

B: Yeah, I'm really looking forward to it.

III. 다음 영문을 상황에 맞게 감정을 넣어 소리를 내어 읽어 보세요.

1.

A: So, what do you usually do chores, you know, housework, shopping, things like that?

B: Hmm, on Mondays and Fridays I usually do the laundry and clean the house in the morning. Early, between about seven and eight.

A: How about the shopping?

B: I usually do that on Saturdays before work.

A: You seem pretty busy with school, work and chores!:

2.

A: Excuse me, I'm looking for the post office.

B: Yes, it's on the corner of Fifth and Fairview.

A: OK, Fifth and Fairview. Could you tell me how to get there?

B: Sure. We're on First Street. So, go down this street one block to Fairview.

A: Uh huh. Then take a left and walk four blocks to Fifth.

B: I see. A left and it's four blocks to Fifth. OK.

A: And you'll see it on the right.

B: On the right? On the corner?

A: That's right. You can't miss it.

B: Got it. Great! Thanks a lot.

A: Sure. No problem.

◒ Translate the following sentences into English and Korean.

1. Some people have to share an office.
2. The movie has been a huge box-office success.
3. She criticizes everyone and the trouble is, she doesn't know when to stop.
4. 버스 운행은 자정이 되면 끝난다.
5. 그녀는 편지를 모두 상자 속에 보관했다.

〈Answers〉

1. 몇 사람들은 사무실 하나를 함께 써야 한다.
2. 그 영화는 엄청난 관객 수를 동원했다.
3. 그녀는 모든 사람을 비판하는데, 골치 아픈 건 그만해야 할 때를 모른다는 거야.

4. The bus service stops at midnight.

5. She kept all the letters in a box.

셋째, 'r'의 경우, 미국영어에서 'r'은 자음 앞이나 단어의 끝에서 발음되는데, 영국영어에서 'r'은 자음 앞이나 단어의 끝에서 발음되지 않는다. 예로는 arm, bird, car, curve, door, for, horse와 urban 등이 있다.

* 다음 영문을 큰소리로 높고 낮게 노래하고 춤을 추듯이 소리를 내어 읽어보세요.

1. She looked through the door.
2. He left his tickets in his car.
3. The ball curved strangely in the air.
4. It was just an ordinary weekend for us.
5. Another union has voted for industrial action.
6. We've always been early birds, up at 5:30 or 6 a.m.
7. She is now concentrating on a career as a fashion designer.
8. University teachers have refused to supervise students' examinations.
9. The vice-president insisted that he supported the hard-working people of New York.
10. Farms in France are much smaller than those in the United States or even Britain.

넷째, 'i'의 경우, 미국영어에서 [i]나 [ai]로 철자 그대로 발음하는 것이 일반적이지만, 영국영어에서는 [ai]로 읽는 경우가 많다. 예는 agile, civilization, direct, diverse, docile, either, fortnight, fragile, isolate, missile, neither와 sterile 등이 있다.

* 다음 영문을 큰소리로 높고 낮게 노래하고 춤을 추듯이 소리를 내어 읽어보세요.

1. I hope to be back in a fortnight.
2. The missile hit the center of the target.
3. The agile money swung from branch to branch.
4. My job isolated me from my family and friends.
5. Surgery should be done in a sterile environment.
6. You can have either milk or iced tea with your meal.
7. Dave required a lot of time to study the diverse menu.
8. I would like to fly to Chicago by the most direct route.
9. John and Bill saw a new movie. Neither of them liked it.
10. The docile dog allowed the little girl to put a hat on him.

그 외에 영국영어는 미국영어에 비해, 주로 단어의 철자 그대로 발음하려는 경향이 있다. 또한 영국영어는 높낮이가 심해 독일어처럼 좀 딱딱한 느낌을 주지만, 미국영어는 상당히 부드럽게 넘어간다. 그렇지만 일정한 리듬을 타면서 진행되는 것은 영국영어나 미국영어가 마찬가지이다.

그리고 참고로 'water'는 미국영어는 't'가 단타음화로 되어 '워러~'에 가깝게 들리고, 영국영어에서는 '워터'에 가깝게 들린다.

Get me a glass of water.

He went out to water the plants.

Most of the earth's surface is covered with water.

During her shampoo, John got some water in his ears.

The British Government may be in stormy economic waters.

또한 영어에서 자주 나오는 'again'의 경우를 익혀놓는 것도 도움이 될 것이다.

again의 미국식 발음은 [əgen]이고, 영국식 발음은 [əgein]입니다. again은 생활영어나 팝송의 가사 등에 자주 나오는 것이기 때문에 분명히 알아둘 필요가 있다.

I'll call again later.

What's your name again?

Please don't say that again!

You may be happy to buy imitation leather, and then again, you may wonder what you're getting for your money.

위와 같이 미국영어와 영국영어의 기본적인 발음의 차이를 익혀두면 다양한 영어발음을 들어도 알아듣지 못하거나 이상하게 또는 어색하게 생각하지 않을 것이다.

ㄱ. ㄴ. ㄷ.......

A. B .C.......

누구나 영어발음 잘 할 수 있다!

초판인쇄 | 2015년 8월 24일
초판발행 | 2015년 8월 31일

지 은 이 | 서용득
발 행 인 | 현영덕
발 행 처 | 도서출판 YOUNG
등록번호 | 105-90-67568

주　　소 | 경기도 고양시 일산동구 호수로 358-25 (동문굿모닝타워2차 1005호)
전　　화 | 031) 904-7905~6
팩　　스 | 031) 904-7907
E-mail | youngpub@naver.com

ISBN　978-89-92843-75-1 93740　　[정가 18,000원]